腦科學家帶你瞭解生氣的腦科學基礎，
以及控制憤怒的秘訣

大腦不生氣

脳が知っている 怒らないコツ

加藤俊德 著

藍嘉楹 譯

晨星出版

前言

「如果可以不生氣該有多好」

相信你也曾有過這樣的念頭吧。

只要不生氣，就不會和人起口角，發生衝突。

也不會表現出咄咄逼人的態度，最後慘遭眾人排擠。

如果不用發脾氣就把事情解決，人生一定會變得輕鬆許多。

不過，你心裡明白「但是我就是辦不到啊」。

因為只要還得和其他人打交道，就必須不斷面對各種不如意的事。

你覺得自己在某種程度上是「身不由己」。

但是，只要人還是群居動物，遇到這種情況也只能大嘆三聲無奈。要真是如此，要人「不生氣」不就是天方夜譚嗎。

當然沒這回事。

因為只要掌握幾個訣竅，每個人都可以輕鬆控制自己的怒氣，心平氣和地做好每一件事。

身為腦科學專家的我，至今為止已經聽了超過1萬個人的人生故事，同時也利用MRI（核磁共振）診斷他們的腦部。透過這些經驗我知道了一件事，也就是「當人無法順利處理好眼前的事情，腦部就會感到不安、憤怒」。

只要知道這點，基本上就能理出一點頭緒，找到避免讓怒氣爆發的方法，以及根本不會亂發脾氣的方法。

另外，看到別人生氣，也容易跟著生氣是腦部的特徵之一。但只要掌握箇中竅門，就可以保護自己免於「被他人的怒氣傳染」。否則有時候自己一開始好好的，但是看到別人生氣，心中也頓時生起一把無名火。

本書所介紹的內容，有些是腦科學的知識，也有部分是源自於我個人的體驗。無論是前者還是後者，我相信這些收錄於本書的見解與技巧，都有助於各位擺脫發怒的桎梏。

這些內容說穿了大家都會覺得很簡單，但如果繼續被蒙在鼓裡，或許有可能對人生造成莫大的損失。

若本書能略盡棉薄之力，讓各位懂得珍惜與自己攜手共度人生旅成的伴侶，以及守護付出無數時間與精力所得到的成果，那將是筆者最大的欣慰。

2016年10月

加藤俊德

大腦不生氣　目次

第1章　不生氣的人擁有「傾聽的耳朵」

第2章　避免怒氣爆發的技巧

第3章 不要被別人傳染憤怒的情緒

第4章 如何面對受影響而變得焦慮的人

第5章

不會生氣的人每天養成的習慣

第6章 伸展腦部的枝椏，消除憤怒路徑

結語 平穩個性的可用之處

編輯協助：杉本 尚子
書名頁設計：西垂水 敦（krran／カラン）
內文設計：ホリウチミホ（ニクスインク）
內文插圖：村山 宇希（ぽるか）

序章

為什麼人非發脾氣不可？

即使生氣也得不到任何好處

不知為何，有些人就算大發脾氣，也依然深受喜愛。

這些人即使對別人破口大罵、嚴厲斥責，卻不會損害對方對他們的信賴。

這些人有幾個共通點，首先，他們「生氣」的背後，隱含著希望對方得到幸福的心情。

還有一點是，他們都深諳生氣的技巧。

我認識的其中一位，就是培育出多位奧運水上芭蕾獎牌得主的井村雅代教練。

我有時候會到井村水上芭蕾俱樂部上課，主題是如何在水中提升用腦的效率。因為這個關係，我有時會和井村教練交換意見。她的「怒火」之所以受到我的尊敬，原因在於她所表現的憤怒，具備了為幫助學員達成奪牌目標的科學理論；當她以斥責的口吻激勵學員時，冷酷的模樣看起來和平時判若兩人。簡單來說，她表現在學員面前的「憤怒」，是一種為了發揮效果的指導姿態，也是教練技術的一部分。

但是，相較於教練在生氣時，表現出「有如變了一個人的冷酷模樣，說話時條理分明」的樣子，當我們忍不住發火時，可就完全不是這個樣子。

我們就是會為了一些無聊小事勃然大怒，做了多餘的舉動。身邊的人也因此受到傷害。如果是在工作現場，就會造成局面變得一片混亂。因為無法控制自己的脾氣，最後犯下難以挽回的失誤的經驗，相信大家都曾體會過吧。

另一種情況是，動不動就生氣的人不是你，而是你周圍的人。但對方易怒的性格，使你身受其害。

他們只要聽到自己的意見被人反駁就抓狂，或是遇到事情的發展不如己意時就悶不吭聲。不用懷疑，這種人比想像中還多。

「都已經是成年人了，為什麼不是暴怒就是搞自閉……這麼幼稚的舉動，真讓人看不下去。」

如果你只是看不慣這種人的行徑，口頭抱怨幾次就算了。麻煩的是，和這種情緒化的人在一起，連自己也容易跟著焦躁起來。

因為「憤怒」具有傳染性，如果和難搞的人在一起，連自己都會變成難相處的人。

要是你每次都隨著對方的情緒起舞，忍不住勃然大怒，搞不好連自己擁有的一切，都會化為烏有。

就算「憤怒」的背後隱藏著「愛」或嚮往的反面「嫉妒」，被你當作出氣筒的人，很可能會受不了你的無理取鬧而棄你而去。

但是發脾氣的人本身也覺得不好受。你會發現事情的發展完全不如預期，而且也解不開別人對你的誤解。說不定等到有一天，你赫然發現，自己已遭到家庭、職場朋友放逐，只剩下孤身一人。

被情緒綁架，完全沒有任何好處。

「憤怒」就是這麼一回事。

就現實層面而言，一個人活著時要完全不感到絲毫焦慮和厭惡的情緒是不可能的事。因為人是群體動物，只要和其他人一起生活，注定天天都會遇到不如意的事。

即使如此，我們還是能不受他人言行舉止的影響，擺脫焦慮與煩躁。我們也能控制自己的怒意，不再做出違背本意的行為。這些技巧就是本書要為各位介紹的「不生氣的訣竅」。

本章希望各位在學習不生氣的訣竅之前，先了解一些背景知識，包括人為什麼會生氣，以及生氣有哪些壞處。

憤怒是大腦「無能為力」時發出的哀號

本書的宗旨是希望大家能夠學會控制憤怒。

為了控制憤怒，首先請各位將憤怒視為「自己的問題」。

理由很簡單。因為不管讓你生氣的原因是在於你還是別人，基本上你都不可能改變別人。

既然如此，「該如何看待自己憤怒的感受」才是你該關心的問題。

話說回來，人為什麼會生氣呢？

我相信從生理學和心理學的角度都能詳細解釋，但以我個人身為腦科學家的立場而言，我想下列的說明可供作各位參考。

所謂的憤怒，就是大腦「無能為力」時發出的哀號。

「什麼意思？你是說我會生氣都是因為我自己能力不足？這是什麼話？我會生氣是因為對方太過分了！是因為他說了不該說的話！」

或許各位當中有人會感到憤恨不平。

但是，我希望各位能靜下心來好好思考。

不論你發了再大的脾氣，到頭來，你還是無法理解對方為什麼要這麼說，或者你還是不懂對方為什麼無法接受你的意見，對吧？

舉例而言，相信你生氣時也曾經口出怨言吧。像是：

「我的主管老是說一些很離譜的事。」

「我明明很努力了，但完全得不到公司的認同。」

「我已經忙得要死了，家裡的人還來亂，居然為了這麼無聊的小事煩我。」

「我實在搞不懂現在的流行。那種玩意到底哪裡有趣了……」

上述這幾句話，相信各位都聽到耳朵要長繭的程度。其實有時候就連我自己也會不禁脫口而出。

請各位注意，這些句子的主詞都是「對方」、「這個世界」等其他人。

如果把主詞換成「自己」，可以將句子改寫成以下形式：

「我無法應付主管的離譜要求。」

「我沒辦法回應公司對我的期待。」

「我無法滿足家人對我的要求。」

「我無法理解時下的流行。」

不論是哪一種情況，共通點都是「我做不到」。因為如此，人才會焦慮不安，最後大發脾氣。

至於為何必須把主詞換成「自己」，道理也非常簡單。因為感覺憤怒的不是別人，而是自己。

我可以斷言，即使你會生氣的原因是別人所造成，但只要你將責任歸於「其實可以控制脾氣」的自己，就可以說大腦是因為「我做不到」而感到不安與不滿。

憤怒最原始的初衷是表達自己的無能為力，是一種自我保護的機制

接著我想針對這點，從「大腦」的觀點再談得深入一點。

接下來的內容會稍微涉及專業知識，但其中包括控制憤怒時的關鍵，也就是「發覺」，所以請各位別跳過不看。而且內容並不會很艱澀，請各位不用擔心。

「腦區」是我提倡的概念之一。

簡單來說，請各位把分布於腦內的神經細胞群，想成依照主要的功能分類成各有專屬「門牌」號碼的區域即可。這些區域可大致分為以下8類。

①思考系腦區……以資訊為基礎，負責下決定與執行的領域

②傳達系腦區……執行說話與言語表達的領域

③理解系腦區……理解資訊的領域

④運動系腦區……與活動身體全面相關的領域
⑤聽覺系腦區……把耳朵接收到的訊息集聚在腦部的領域
⑥視覺系腦區……把眼睛所見之物集聚在腦部的領域
⑦記憶系腦區……存取資訊時使用的領域
⑧情感系腦區……與表現喜怒哀樂等情緒有關的領域

當我們生氣時，基本上就是上述①～⑦的區域都覺得「現在的狀況我處理不了」的時候。

直接面對某件事時，如果出現下列各種情況，每個腦區都會覺得有壓力。包括：

①思考系腦區……事情變得棘手，因此「無法思考」
②傳達系腦區……沒辦法好好講話，所以「無法傳達」
③理解系腦區……對眼前發生的事感到「無法理解」
④運動系腦區……因生病、受傷、年齡增長等，變得「動不了」

④運動
「動不了」
①思考
「無法思考」
③理解
「無法理解」
⑤聽覺
「聽不到」
USB
②傳達
「無法傳達」
⑧情感
⑦記憶
「想不起來」
⑥視覺
「看不到」
「無法處理！」

⑤聽覺系腦區……聽力和語言能力出了問題，變得「聽不清楚」
⑥視覺系腦區……視力和集中力出了問題，變得「看不清楚」
⑦記憶系腦區……「想不起」必要的事。

各個腦區所感覺到的「無法處理！」，是一種壓力訊號，當這種訊號傳到⑧的情感系腦區，就會轉換為「憤怒」。

在情感系腦區感覺到的憤怒，會經由①思考系腦區、②傳達系腦區、④運動系腦區三者中任一輸出源頭爆發。
①思考系腦區↓搬出大道理反駁對方、用計謀以扳回一城
②傳達系腦區↓自顧自喋喋不休、說些損人的話、無視對方等
④運動系腦區↓表情變得難看、出手打人、亂丟東西等。
以上就是根據我提倡的「腦區」見解，對發怒機制所提出的解釋。

其實，「覺得憤怒」本身並不是壞事。

因為隱藏在憤怒背後的是「自己現在無法處理的事」，也就是不擅長的事。換個角度來看，如果執意進行，之後可能會引起意想不到的麻煩。

如果真是如此，那麼「覺得憤怒」便成為一種自我保護的必要機制。

話說回來，即使「覺得憤怒」本身是有必要的存在，為什麼我們還是不能發脾氣呢。

盛怒的大腦會犯錯

接著，讓我們看看生氣會造成哪些負面效果吧。

其中最要命的缺點是「只要一生氣，大腦的工作效率就會變差」。

各位是否有過這樣的經驗：在盛怒下依然執行原定計畫，最後飽嚐失敗的苦果。舉例而言，在心情焦躁不安時完成的報告，一定是錯誤百出；看到同事傳來出言不遜且措辭犀利的訊息，自己不禁也跟著「加倍奉還」。或者是在氣頭上宣布與對方絕交，還有在心情焦慮時，一時衝動買下不必要的東西等。

這些失誤的產生源自於憤怒造成腦壓上升，導致大腦的工作效率變差。

接下來我要談的可能稍微離題，不過想請教各位，是否曾經有過類似「大考或成果發表會結束後，腦中變得一片空白」的經驗呢。

當我們遇到「（說不定）辦不到」的情況而陷入不安時，大腦為了尋求解決方法，會突然進入火力全開的工作模式。因為如果放任不安的情緒繼續滋長，有時連維持生命恐怕都變得有困難。這點是人類的本能，屬於非常自然的反應。

腦為了尋求解決方法，會消耗大量氧氣作為能量來源。所以含氧血液會一下子聚集在頭部。

這就是俗稱的「氣血往頭上衝」。如同字面上的意思，指的是血液上升到頭部的狀態。

不過，要立刻解決問題，並不是只要血液上升到頭部，讓足夠的氧氣供給腦部就可以了。

血液量增加會造成能量的無謂消耗，所以在大腦消耗能量以進行思考之前，大腦的工作表現已經下滑。這時，為了保護即將過熱的大腦，頭皮的血流量也會增加，但這也會導致能量的無謂消耗。

簡單來說，只要「氣血往頭上衝」，就無法有效率的活化腦部的神經細胞，而且可用的能量也會減少，使腦部無法進行正常的判斷。

我想各位只要回顧自身以往的經驗就不難了解，當氣血往頭上衝時，自己連平常一下子就能想到的解決方法都想不出來，而且好像被人點穴一樣，身體也動彈不得。這都是血液過度集中於腦部，導致大腦的工作效率降低所致。

其實，當我們發怒時也會發生同樣的現象。

如同前述，所謂的憤怒，就是當各個腦區感覺到「我無法處理！」時發出的壓力訊號。

當自己無法回應別人的期待，或是不了解對方在說什麼的時候，感覺到「我無法處理」這個問題的大腦，為了找出解決之道，便會促使血液上升到頭部，以增加氧氣的供應量。

日文把生氣的狀態稱為「來到頭部」（頭に来た），其實當我們發怒時，血液確實是「來到頭部」。

如此一來，和氣血往頭上衝的時候一樣，大腦的工作表現也會下滑。結果同樣造成連平常一下子就能做好的事都做不到，也錯過了若是冷靜時一定馬上就能發現的事。

當我們怒火中燒，導致血液一下子往腦部衝之後，至少要要30分鐘～1小時才能恢復平常的狀態。

不知道這件事的人出乎意料地多，正因為對此一無所知，才會有那麼多人倉促下決定，或是一時口不擇言，使事情變得雪上加霜。

生氣的人會「拒絕」別人

發脾氣還會造成另一項困擾。

為了保護無能為力的自己，人會拒絕一切會刺激自己的人事物。

當你收到無理的要求，或是聽到不知所云的話，讓你產生「我無法處理」的感覺時，基本上原因都來自別人。所以，當我們無法壓抑自己的怒火時，很多人都會表現出拒絕別人的行為。

最典型的表現包括在對方面前默不作聲、無視對方的存在、破口大罵、說話帶有攻擊性、亂丟東西等。即使連平常自己很看重的對象也無法倖免，一樣會被自己視若無睹、成為自己攻擊的對象，甚至連去之而後快的念頭都跑出來了。

我自己生氣時，也曾經動念：「乾脆和這個人絕交好了。只要可以結束現在這個場面就好。」而且在一時衝動下，我說話的口氣也變得很差，顯得很不耐煩。

對於被別人發洩情緒的一方而言，這是極不受到尊重的行為。

一再被你無禮對待的人，遲早會把你列為拒絕往來戶。

因為對你避之唯恐不及，等到有問題發生時，自然也不會想通知你。

如果這種情況發生在職場，就可能因溝通不良導致更嚴重的問題發生；如果在家庭，你很可能成為凡事都是「最後一個知道的人」。

你在社會上的人際關係已經崩壞，連在家裡也覺得無法安身了。

這應該可算是憤怒造成的最嚴重負面效應。

另外一種情況是對自己期待過高，結果這份期待有時反倒成為刺激。

遇到這種情況時，自己有時候會拒絕接受那個無法回應期待的自己，陷入了自我厭惡。

世界上應該找不到比「抱著自我厭惡的心情活下去」更糟糕的情緒了。

經常生氣的人，腦部不會成長

說到為何不能發脾氣，其實還有其他理由。其中包括：經常生氣的人，腦部不會成長。

腦科學以「開枝散葉」來形容腦部成長時的狀態。所謂的枝，指的是由各個腦神經細胞串聯而成的網絡。

當我們產生「我懂了！」「完成了！」的感覺時，這也就是枝椏伸展，與各擁有不同記憶的神經細胞相連的瞬間。簡單來說，擁有各自記憶的神經細胞相連時，會產生「我懂了！」「完成了！」的感覺，而瞬間所增加的「枝椏」，對腦而言就是成長。

枝椏伸展時，也就是「我懂了！」「完成了！」的時候，腦部基本上是處於沒有承受額外壓力的狀態。所以腦部可以更加有效率地消耗氧氣。當腦內的耗氧效率提升，腦神經細胞之間的枝椏就更容易伸展，這也意味著細胞各自擁有的記憶變得更容易結合。

但是，容易生氣的人，腦內卻產生與上述情形相反的現象。如同前述，當我們承受因「我無法處理！」的壓力，會造成腦壓升高。如此一來，腦神經細胞之間的枝椏就不會伸展，難以達到「我懂了！」「完成了！」的狀態。最後的結果就是腦部不容易成長。

目前已經證實，只要經過鍛鍊，腦部終其一生都會持續成長。由這點看來，容易生氣的人經常顯得幼稚，或許是怒氣害他們的腦部發育受到阻礙吧。

這裡所謂的腦部發育受阻，也意味著容易生氣的人，其腦部中與發想、提案有關的創造力無法被培養起來。

突發奇想，或是在尋找某件事物的過程中，偶然發現具備不同價值之物的情形，稱為「機緣巧合」。

我在腦科學的領域至今已經有了幾項世界級的重大發現。我還記得當我進行研究時，宛如在命運的引導下獲得了劃時代的發現時，我依然保持心如止水，平靜無波的心情。

讓自己的心情不因憤怒和些微的焦慮不安所動搖，就能讓腦神經細胞開枝散葉。這樣不但有助於我們學習，也更容易讓我們找到新發現。我也確實從我個人的經驗體會到這一點。

不論是為了工作的發展，還是性靈方面的成長，能否做到不生氣都是非常重要的關鍵。

憤怒潛藏著讓人生往好方向發展的大好機會

不過，不可思議的是，人的憤怒也隱藏著「學習」的機會。

容我再強調一次，你之所以生氣，是因為你無法順利處理眼前的狀況。像是：

無法回應對方的期待。

阻止不了對方的行為。

無法理解現狀。

話雖如此，自己豈可坐視不管……。

當事情陷入未能如預期發展的狀態時，「無法處理！」的壓力會引發焦慮不安的反應。「做不到」這件事對你的嚴重性，與你感到憤怒的強烈程度成正比。

簡單來說，當你感到憤怒的程度很強烈，表示你迫切需要解決這個問題。當你注意到這一點，那一瞬間就是讓你學習解決方法的大好機會。在你認真生氣的時候，如果能夠把憤怒轉變為一個明確的目的，那麼你會得到更多。說不定你可以藉著這個機會，讓人生往好的方向發展。

可惜的是，大多數的人只顧著生氣，沒有把眼光放到自己該學的事情上。對此機會渾然不覺，永遠為了同樣的事發脾氣的人，等同失去改變現狀的機會。換言之，也就是放棄了成長。

當然，你在某些場合也應該表現出你的憤怒。例如當這件事由你全權負責時，若你沒有在眾人面前面露慍色，就無法帶領團隊朝正確方向前進，以及你明顯遭受不合理的對待等等。

但是，當自己置身於這樣的場面，更應該不被怒氣沖昏頭，而是謹記自己的目的，努力把怒氣轉變為有意義的行為。唯有如此，你才能趕走情緒烏雲，讓自己從不利的狀況脫身。

為什麼不可以生氣？

因為，為了你的成長，同時也為了確保事情能順利進行，讓自己不發脾氣是不可缺少的必備條件。

第1章

不生氣的人擁有「傾聽的耳朵」

一旦覺得「我是對的」，就不會發覺自己正在生氣

從本章開始，我將實際說明如何控制憤怒的技巧。

控制憤怒的第一步，就是「在怒火爆發之前，發覺自己正在生氣」。

或許有人會覺得難以置信「啊，有那麼簡單嗎？」不過，對某些人而言，發覺自己正在生氣，是比想像中困難的事。

原因是生氣的人基本上都認為自己是對的。如此一來，他們有時候就算知道自己變得很焦躁，也不覺得是生氣造成的。所以，當自己生氣時，難以知道自己正處於氣頭上。

「我做到累得和狗一樣，那傢伙憑什麼那麼輕鬆……」

「老人家也不管後面大排長龍，還給我慢吞吞數零錢。為什麼不能在排隊的時候

準備好呢？」

「電車居然脫班，等了那麼久都不來。他們公司到底在搞什麼啊！」

如同上述情境，當事者認為錯的都是別人，而自己的想法完全站得住腳。這種時候，人們感覺到的憤怒，就是所謂的「義憤」。「義憤」是基於正義感和責任感的氣憤，所以感覺上和單純的憤怒不同，經常被自己歸為正面的情緒。因此未能體諒對方或許也有難處。

另一種可能的情況是因為腦部功能的問題，導致有些人很難聽見自己的心聲，連自己生氣了都不知道。這樣的人在意識到自己生氣之前，也有不少例子是已經陷入身心崩潰的情況。

為了避免這種情況，先為各位說明什麼情況會讓人難以察覺自己在生氣。

另外也一併說明，有哪些人際關係，和發生什麼事時，容易讓人在沒有自覺的情況下生氣。

希望各位透過本章的內容，能夠在自己生氣時盡速發覺。

成功的經營者都有「傾聽的耳朵」

為了在自己生氣時盡速察覺，我們也可以反其道而行，先看看不生氣的人有哪些特徵。

如同序章所言，生氣是腦部面對「無法處理！」的情況時發出的壓力訊號。畢竟人非萬能，我相信每個人或多或少都曾體驗這樣的壓力。

不過，有些人對別人發脾氣的次數少之又少。

他們屬於「聽覺系腦區」發達的人。

其實，這也是事業有成的企業家們的共同特徵。

我有時會針對企業經營者舉辦如何運用大腦的講座。大多時候，我也會利用這個機會拍攝他們的腦部影像。結果發現其中大部分人的腦部影像中，聽覺系腦區發展得非常清晰，幾乎沒有例外。換言之，這些人很擅長傾聽。

或許聽到「擅長傾聽」，有人會以為這是什麼很厲害的特技，但實際上並非如此。這裡所謂的擅長傾聽，不過是「按照對方表達的意義，解讀對方說的話」。

看到這裡，或許你也會覺得納悶：「這麼單純的事情難道有人做不到嗎？」殊不知，這件事雖然聽起來簡單，但做起來卻沒有那麼容易。

因為依照聽者的腦部特質與狀況，到底如何判斷對方所講的話是命令還是委託，是提問還是報告，甚至單純只是想講就講、自言自語等，其實難度很高。

舉例而言，假設有人告訴你：「下午好像會下雨呢。」

相信各位都知道，要依照脈絡才能正確解讀一句話的意思。但如果聽者不了解脈絡的連貫性，就會產生各種解讀方式。包括：

↓「所以你要帶傘」的命令

↓「所以你可以開車來接我嗎？」的請託

↓「我聽說會下雨，真的嗎？」的提問

↓「好像會下雨，你最好記得帶傘」的警告

↓「因為下雨，所以原本麻煩的事情取消。運氣真好」的報喜

↓「下雨好麻煩喔」的自言自語

腦部的聽覺系腦區愈不發達，「傾聽能力」愈差的人，愈有可能產生解讀上的落差（也可能是說話者的表達能力差強人意，用字遣詞不夠精準）。

如上述「按照對方表達的意義，解讀對方說的話」並不是容易的事。

事實上，因為說話者想表達的意思與聽者的解讀結果沒有交集，導致狀況百出的情形，可說屢見不鮮。

如同先前舉例，說話者明明只是單純發問：「下午好像會下雨呢。」但聽者如果把這句話當成「所以你要帶傘」的命令，說不定他會覺得不以為然，「我已經很忙了，你還講這些有的沒的，完全不懂得體貼別人！」由此可見，如果無法聽懂別人的話，很可能會造成無謂的麻煩。

聽覺系腦區發達的人，可以聽出對方話中的真意，而不會參雜自己的主觀。所以雙方的認知不會產生落差，能夠在毫無芥蒂的情況下一起共事。

因為如此，擁有「傾聽的耳朵」的人不會生氣。

第220頁是聽覺系腦區發展程度的自我檢測表。有興趣的人請務必試試看。

沒有「傾聽的耳朵」的人，大多左腦發達

前述已經說明「聽覺系腦區」發達的人擅長傾聽，不容易生氣。換句話說，不擅長傾聽的人比較容易發脾氣。如果沒有掌握對話的連貫性，自己就會不知道該如何接話。有時還會造成說者無心，聽者有意的情況，誤以為對方對自己提出無理的要求。

「傾聽的耳朵」表現好壞，其實也和左、右腦有關。

請各位回想一下，身邊有沒有人生氣的時候，會出現下列的行為？

・愛挑別人的語病，也容易為此生氣
・伶牙俐齒，喜歡嘮叨
・堅持己見
・一聽到有人提出不同意見就馬上反駁，表現出攻擊性
・不允許自己失敗，失意時就一個人躲起來

・會突然不來公司上班

以上是左腦過於活躍的人動怒時所表現的特徵。

當這類型的人生氣時，並不會每次都會出現明顯的「症狀」，比如直接向對方破口大罵之類的。

人的腦分為左腦與右腦，而橫跨於兩者之間的橋樑，由名為胼胝體（按：胼胝讀音為：ㄆㄧㄢˊ ㄓ）的神經細胞彼此連結所組成。左腦主要掌管語言方面的訊息，而右腦主要處理想像力等非語言類的資訊。

如同序章的說明，左右腦各自存在著8個腦區（思考系、傳達系、理解系、運動系、聽覺系、視覺系、記憶系、情感系）。

我們之所以生氣，就是因為這8個腦區遇到無法處理的情況。而表露怒氣的方式會依左腦和右腦的發達程度而異。

簡單來說，左腦具備以下的特徵。

【左腦的特徵】

（專長）		（弱項）
語言理解	↕	意象等抽象事物的理解（察言觀色等）
自我理解	↕	理解他人
以自己為優先	↕	與他人之間的溝通

左腦較為發達，強項是語言理解的人，擅長以言語表達自己的想法。不過這類型的人因為懂得把話說得很動聽，總是認為自己的想法才正確，因此傾向於忽略別人的想法，而以自己的想法和具備的知識為優先。

另一方面，他們不擅長掌握想像等抽象的概念。基本上有些人連想像別人的意見與自己不同這點似乎都有困難。

總而言之，一旦左腦過度活躍，就會產生「我永遠都是對的」的偏見，經常對別人說的話充耳不聞。甚至有可能一不開心就躲在自己的殼裡搞自閉，「傾聽的耳朵」的能力也就變得愈來愈微弱了。

〔左腦〕
語言腦
・堅持己見
・不擅長與其他人溝通
〔右腦〕
想像腦

當各個腦區發出「我無法處理！」的壓力訊號時，這類型的人為了減輕負擔，會選擇自圓其說。

他們會用自己最擅長的邏輯理論，大聲疾呼自己的主張是正確的，但如果不被接受，他們就會關閉溝通管道，完全對別人相應不理，甚至連公司都不去了。

其實每個人都一樣，當你愈是對「我沒錯」這件事深信不疑時，愈應該懷疑自己。你之所以認為自己是對的，說不定只是左腦的功能過強罷了。

無法接受「這世界上竟然有人想法和我不一樣」的事實的人，很容易與別人起衝突，最後也難逃被眾人孤立的下場。

順帶一提，頻繁使用語言作為溝通工具的現代人，有左腦過於發達的傾向。由此看來，思考不夠有彈性，無法接受「居然有人想法和我不一樣」的人之所以愈來愈多，看起來和時代背景脫不了關係。

右腦發達的人，常常聽不到自己的心聲

相反的，右腦過於活躍的人，又會遇到什麼情況呢？以下列出慣用右腦的人所具備的主要特徵。

【右腦的特徵】

（專長）		（弱項）
意象等抽象事物的理解（察言觀色等）	↕	語言理解
理解他人	↕	自我理解、擁有自己的基準
與他人之間的溝通	↕	以自己爲優先

右腦擁有理解抽象事物的能力，擅長解讀他人的表情，感受現場的氛圍。溝通也

是他們的強項，所以能敏銳察覺對方的情緒起伏，也有附和別人意見的傾向。右腦活躍的人傾向於希望由別人設定事情的基準，所以有不少人熱衷於某種信念和宗教，甚至有一部分的人會過度投入於志工活動。

另外一項特徵是，他們的語言表達能力較差，無法具體意識到自己想要的是什麼。也因為如此，他們有時無法釐清自己焦躁不安的原因。

右腦活躍的人，經常以別人為優先，習慣配合別人的需求採取行動，但別人的欲求並不一定與自己的欲求一致。因為這項特質，即使他們總有一天會覺得欲求不滿，但還是看不清自己焦躁不安的情緒源自何處，只能任憑負面情緒不斷累積。

右腦使用過度的人，大多以下列方式表達自己的怒意。

- 一被指責就默不作聲
- 有慢性頭痛的問題、不時表示身體不舒服
- 情緒突然失控
- 因為壓力過大，容易失眠

〔右腦〕
想像腦
・擅長與人溝通
・不擅長表達自我主張
〔左腦〕
語言腦

・總覺得沒有安全感
・總是怪自己沒用
右腦發達的人，不容易發現自己為何焦慮不安，有時在發覺之前，身體已經出狀況了。另外，這類型的人不擅長自我分析，生氣的對象經常是自己而不是別人，只要一有事情發生，都怪自己不好。因此造就了沉默內向的性格，嚴重者甚至會演變成憂鬱症。

一般而言，說到「生氣」，大家馬上想到大聲吼叫，對別人破口大罵的畫面，但是情緒陷入低潮，不斷責怪自己，也是發洩怒氣的形式之一。

知道自己生氣時會做出哪些舉動，就是了解自己的腦部傾向，也能夠讓自己看清楚，有哪些事情容易成為人生路上的絆腳石。為了控制自己的憤怒，各位必須先了解自己屬於左腦發達還是右腦發達的類型。

「傾聽的耳朵」在親近的人面前派不上用場

前述已為各位說明，左腦發達與右腦發達的人表現憤怒時，行為舉止上各有差異。

接下來要說明哪些「人際關係」會讓人不自覺關上「傾聽的耳朵」，變得易怒。最重要的是，各位必須意識到自己在面對這些人際關係的對象時特別容易生氣。能否意識到這一點，和控制憤怒息息相關。

最容易讓自己發脾氣的對象是「關係親密的對象」。

包括家人和交情深厚的友人、一起在同一間公司打拼多年的同事等。一樣的行為，若是他們以外的人來做，自己根本不會那麼在意，但自己也不知為何就是對親近的人特別嚴格，只要一點小事就對他們感到不耐煩。想必各位都有過這樣的經驗吧。

這種現象的原因在於，和親近的人相處時，我們的心裡已經認定「對方已經很了解我」，於是卸下心防，讓腦部處於「半夢半醒」的狀態。這種狀態在醫學用語中稱為「腦的警醒度低」。簡單來說，當我們面對熟人時，通常都沒有緊張感。

當腦處於半休息狀態時，意味著腦部能夠處理的工作量也會減少。換句話說，在腦半休息時，平常能夠輕鬆處理的工作也只能停擺了。

因此，平常在我們腦力全開時，根本不會在意的事情，例如一句無心之語、一點聲響、對方提出的要求等，到了腦部只有半清醒時會變得格外煩人或麻煩。

相反的，當我們面對無法預測他會做出什麼行為的陌生人時，腦的警醒度便會提高。因為不知道對方會做什麼，我們應對的態度就會變得更慎重，隨時保持警覺不敢鬆懈。

這也就是為什麼我們面對初次見面、相互致意的業務員，或者是櫃台接待員，根本不會很介意他們做了什麼。因為腦部處於完全警覺的狀態，有能力應付對方的各種要求，所以腦不會覺得有壓力。

但是，腦部的警醒度和彼此關係親密程度剛好成反比。與對方的關係愈是親密，腦部的警醒就愈低。因為腦部能夠處理的工作量減少，導致我們變得易怒。

換句話說，面對關係愈是親近的人，我們就愈容易生氣。

各位只要稍微回想，應該不難理解和我們關係愈親近的人，愈容易因為一點無聊小事，最後演變成嚴重的口角。許多因一時衝動犯下的殺人案件，都發生在家人等近親之間，其背後或許也隱藏著這個理由。

遇到實力旗鼓相當的對手，會忍不住強迫推銷自己的意見

另外還有一種對象也很容易讓自己在不知不覺間燃起怒火。就是實力與自己相同等級的對象。

相信各位對以下的場面都不感到陌生。包括父母對小孩子發脾氣，罵他：「你怎麼連這麼簡單的題目都不會！」或有人對著部屬和同事大罵：「你怎麼連這麼簡單的工作都做不好！」

他們用來罵人的話，乍聽之下會讓人覺得好像把對方當作笨蛋。但是說這些話的人，非但不覺得自己有任何貶低對方的意思，反而認為自己是認同對方的能力才會這麼說。理由是：「誰聽了都知道我沒有惡意。」「既然大家都在同一個職場工作，我相信他只要努力一定辦得到。」

總歸一句話，他們所要表達的意思不外乎「我明明那麼看好你，你怎麼能違背我的期待」。

人只要把對方認定為和自己同屬一個等級，就會自以為對方也適用自己訂的標準。

也難怪會產生「我都懂的事，他怎麼可能不知道」「我能做到的事，他怎麼會辦不到」等想法了。

話雖如此，認為對方也適用這個標準的看法完全就是自己一廂情願。從對方的立場來看，他可能覺得很無奈，「就算你覺得我做得到，但我就是辦不到啊。」

如果不了解這一點，你的大腦就會發出哀號。

相反的，如果覺得對方的程度差自己一大截，或是超出自己太多，就不會發生這種事了。

如果雙方的程度不同，人就不會自以為對方也適用自己訂的標準，腦也不必承受

「為什麼他做出來的結果和我原本預期的差這麼多」的壓力了。

簡單來說，人發怒的對象，僅限於自己認定是同等實力的對象。

這裡所說的同等實力，包括在學校或公司等社會組織、與自己的專業有關的領域，有時也單指個人整體的能力。

無論是哪一種，只要「我覺得他和我屬於同一等級」的想法愈是強烈，人就會不自覺地把期待加諸在對方身上，導致變得愈來愈焦躁不安卻不自知。

「心受過傷」的人，「傾聽的耳朵」有時會失靈

擁有「傾聽的耳朵」的人，在某些情況下突然失去傾聽的能力。

也就是「心受過傷」的記憶被喚醒的時候。

請問各位是否有過這樣的經驗——明明只是一點小事，自己憤怒的程度卻比想像中更強烈？

像是：

「被人說到自己的痛處，當場暴跳如雷。」

「看到同事被激怒，結果自己也覺得火大。」

發生這種情況時，並不是自己剛好遇到什麼頭痛的問題。

但是，自己的反應之所以顯得如此激烈，其實只是別人無心的一句話，或是映入

眼簾的某個場景，喚醒自己以前腦部陷入「無法處理！」的恐慌狀態時的記憶所致。

簡單來說，現在的焦慮不安，源自於過去的記憶。

這類記憶也就是所謂的「心理的傷口」，既然是「傷口」，一被觸摸就會疼痛。即使對一般人只是毫不礙事的小刺激，也可能會讓心裡有傷口的人痛得大叫。

當心裡有傷口的人看到舊事重演，即使當事者不是自己，也會立刻關上「傾聽的耳朵」。

這時，如果能適時提醒自己，讓自己意識到「我不是因為現在發生的事情生氣，而是為了以前發生的事」，那麼就會恢復理智，重新打開「傾聽的耳朵」。

最後提醒各位，如果發現自己為了不值得的事大動肝火，請冷靜下來想一想，「說不定真正讓我生氣的不是眼前發生的事情。」

表露怒氣是一種依賴對方的表現

前面的敘述已為各位說明，人在遇到什麼樣的情況，以及面對何種人際關係時會關上「傾聽的耳朵」。

更重要的是，當人遇到某些對象時，「傾聽的耳朵」會變得最不管用。這些對象包括家人、好友、同事等能夠成為你的依靠、照理說是你應該最珍惜的一群人。

這群人理應是最能夠提升你的腦部警醒度，也是你應該最在意的對象。

但你非但沒這麼做，反而還時常對他們發脾氣，原因在於你把他們當成自己可以耍任性的對象。

基本上人在對別人發脾氣之前，都會在心裡衡量一番，判斷「這個人應該不會和我計較吧」。但自己對此渾然不覺。

正因為自己很有把握，仗著「家人沒有隔夜仇」「他是最包容我的好朋友」「忍受主管發脾氣也是工作的一部分」等歪理，所以才會肆無忌憚地發脾氣。

如果把情況對調過來，我想各位一定更容易理解。如果換成想都不用想、絕對不可能容忍你發脾氣的對象，例如嚴厲的主管，相信你也不敢造次吧。

總而言之，未能體貼對方，一時衝動發脾氣的人，代表個性還不成熟，而且對自己生氣的對象心存依賴。

說實話，我有時候和家人和親近的同事講話時，態度也會變得不客氣。但是，如果你很容易對親近的人發脾氣，請務必意識到這是一種依賴對方的表現。

第2章

避免怒氣爆發的技巧

使出「不要繼續」「不要做決定」「不要再做下去」之術，將問題暫時束之高閣

本章要為各位介紹，當你發現自己處於「有點焦慮」時可以派上用場的幾招。這些技巧有助於平復焦燥的心情，避免發怒造成二次傷害，引發更多問題。簡單來說，以下為各位介紹的就是當我們感到焦慮時，避免怒氣爆發的應急措施。只要做了就能立即見效，請各位務必多加運用（終結發脾氣的治本妙招會在第5章說明）。

那麼，當你發現心裡有一股火氣油然而生時，首先你必須做一件事。

也就是執行3個「不要」：「不要繼續」「不要做決定」「不要再做下去」。

首先是「不要繼續」，具體而言就是不要繼續對話。

生氣時的應急措施

務必執行的
3大重點

情緒變得焦慮不安，很可能是有人向自己提出了無理的要求。如果繼續和對方對話，幾乎保證兩人一定會發生口角。

當人和別人發生爭執，表示某個特定腦區的負荷量已經逼近極限。發怒會降低腦部的工作效率，導致人無法正常下判斷。

這時，如果任由自己暢所欲言，很可能會講出平常絕對不會說的話。如果繼續和對方對話，雙方就會針鋒相對，最後大吵一架。最糟糕的情況是雙方就此絕交，或是其中一方向公司遞辭呈。

第二個重點是這時要提醒自己，「不要做決定」。因為在大腦效能不佳時所做的決定，通常有欠周詳。因為眼光變得短淺，只看了眼前的方案就草草下決定，但這樣的決定幾乎註定會後悔。最後急著想辦法善後，不料卻愈補愈大洞。我相信有過這種經驗的人，一定不在少數。

另外，如果你正在進行用腦的工作，而且是一出錯就無可挽回的作業，也必須立刻停手，讓自己「不要再做下去」。

發怒時上升到腦部的血液，要過大約30分鐘～1小時才會下降。

所以，當有人對你說了不中聽的話，讓你勃然大怒時，你不僅要立刻結束對話，還要執行「不要繼續」「不要做決定」「不要再做下去」。至少等待1個小時讓心情恢復平靜，千萬不可因為一時心急而草率下決定。

請按兵不動至少1個小時。

實際執行之後就會發現，情緒大約過了1個小時就會恢復平靜，能夠客觀看待自己之前的行為，並為此感到不解，「剛才我怎麼會為了這麼一點小事發脾氣呢。」

順帶一提，在惹怒別人之後，即使立刻向對方道歉，有時對方也不見得會接受道歉。因為對方和你一樣，至少也需要1個小時才能緩和情緒，在大腦的工作量超載的情況下，自然沒有餘力好好聽你說話。

最糟糕的處理方式是立刻詢問對方：「那我該怎麼做好呢？」在對方的大腦處於工作量超載的狀況下再度發問，等於加重腦部的負擔，如果對方不客氣回嗆：「你煩不煩！你不會自己想嗎！」也只能說是你咎由自取了。

如果對方發怒是因為你自己犯錯，那麼你在第一時間道歉後，就先和對方保持距離，千萬別不厭其煩地一再道歉。一樣等待1個小時左右，待對方的心情恢復平靜，再次誠心道歉，若情況允許，再進一步討論問題所在與善後方法。

總之，只要感覺自己的怒氣即將爆發，請立刻執行「不要繼續」「不要做決定」「不要再做下去」三部曲。若能徹底執行，就能把傷害降到最低。

遠離刺激，等待大腦恢復運作效率的機會

先前列舉的3個「不要」當中，尤其以「不要繼續」特別重要。

前述已經說明，當人勃然大怒時，陡然上升的腦壓會在大約1小時後下降，但腦如果持續接受刺激，沒有遠離造成焦慮不安的原因，腦壓就會居高不下。如此一來，大腦就需要更久的時間等怒氣消退，才能重啟運作。

總之，請各位記住「遠離刺激實為上策」。

這是恢復冷靜的最佳捷徑。

若是讓自己覺得掃興、喜歡挖苦人的對象出現在眼前，不僅要立刻結束談話，還要盡可能讓對方不要進入自己的視線。

最好的方法，是你自己裝作若無其事的樣子，移動到其他房間，不要和對方共處

一室。與討厭的對象共處一室，或是置身在發生不愉快的事的空間，大多會留在記憶之中，最後連空間本身都成為刺激。

所以，當有不愉快的事情發生時，最好的方法就是遠離事發場地。如果情況允許，請務必外出，遠離整棟建築物更好。

不過，正值工作時間，或者家裡還有幼兒等無法輕易抽身的時候，你也有其他替代方案。例如利用電腦螢幕當作隔板，避免對方的身影進入自己的視線，或是播放喜歡的音樂，讓腦部遠離刺激。

如果讓你心神不寧的罪魁禍首是電子郵件和社群貼文等，那就請你毅然決然關機吧。

明知「遠離刺激實為上策」，但很多人還是忍不住點開社群媒體的貼文或郵件。雖然瀏覽這些內容不會造成物理性危害，但卻會助長不安的情緒。如果放任不管，終究有可能使自己陷入生命受到威脅的危機之中，但無奈的是，這些事物對人有著致命的吸引力。

正因為如此，我們更應該想辦法克制「好想看」的念頭，避免受到手機和電腦的刺激。

即使心不甘情不願，也請讓自己遠離刺激1個小時，直到腦壓下降。

最重要的，是遠離刺激，等待大腦恢復運作效率的機會。

至於思考對策，一定是等到大腦恢復正常運作再說。

將怒氣轉移到肌肉，使其燃燒

遠離刺激之後，大腦在1個小時後會恢復平靜。這時，怒氣也自然平息了。接下來我想建議各位把握這短短1個小時的時間。只要掌握時間正確運用，各位都會大有收穫。

也就是把意識從感覺到憤怒的腦區，轉移到其他腦區。

我們之所以感覺到憤怒，原因是8個腦區當中，有7個腦區的工作量已經瀕臨超載，所以每一區發出的壓力訊號，透過情感系腦區以憤怒的型態表現出來。

①思考系腦區　→　「無法思考」
②傳達系腦區　→　「無法傳達」
③理解系腦區　→　「無法理解」

④運動系腦區　→　「動不了」

⑤聽覺系腦區　→　「聽不到」

⑥視覺系腦區　→　「看不到」

⑦記憶系腦區　→　「想不起來」

⑧情感系腦區　→　因為無法回應①～⑦腦區而焦躁不安！

舉例而言，假設你現在打算撰寫新的企劃案，卻因腸思枯竭而焦頭爛額。這表示①的思考系腦區的負荷量已經接近極限，無暇顧及其他事情。這時，如果你繼續使用同樣的腦區，工作量很快就會超載，只要被一點小事刺激，怒火就會爆發。

當有人向自己提出不合理的要求時，③的理解系腦區會被「這個人在說什麼」的疑問佔據。如果對方繼續提出不合情理的要求，或是催促你做出答覆，這下子換成思考系腦區過勞，開始覺得：「好煩！」

所謂過勞的腦區，就是腦中負擔最大的部分。也就是意識目前最集中的領域。

若能把超過這個腦區的龐大負荷量轉移一部分到其他腦區，就能夠轉移意識。簡單來說，就是把意識從感受到憤怒的腦區，轉移到其他腦區。

基本上，只要把負擔轉移到其他腦區，過勞的腦區就能減輕負擔。只是當人感到焦慮不安時，連要思考「現在該把負擔轉移到哪個腦區」都成為一種壓力。

所以，只要感覺到憤怒，請各位不必多想，先把怒氣轉移到運動系腦區就對了。

當我陷入焦躁不安的情緒時，最常做的是獨處，閉上眼，保持金雞獨立的姿勢。

只要身體健康，單腳站立本身並不是什麼困難的動作，但是要在閉上眼睛的情況下保持身體的平衡，卻變得很困難。只要能夠單腳站立撐過數秒便算一次。做了幾次之後，你的注意力就會集中在站立上，忘記剛才生氣的事。你很難把注意力集中在某件事時還同時發脾氣。

或者，進行消耗體內氧氣的有氧運動也不錯。

當我們進行走路等持續較久、但對肌肉負擔較小的運動時，會燃燒體脂肪當作能量使用。脂肪燃燒時需要氧氣，所以運動時，將強度保持在做到有點喘的程度，不但可促進血液循環，也有助於把氧氣輸送到全身的肌肉。

生氣時進行有氧運動，能夠把上升到頭部的血液分散到全身。簡單來說，可以提早讓頭腦恢復冷靜。

藉由「我做得到」「我知道」降低腦壓

還有另一個方法也可以讓憤怒的大腦快速恢復冷靜。

那就是對自己的腦喊話，告訴他：「我做得到。」「我知道。」

人之所以生氣，是因為陷入「束手無策」的大腦為了尋求解決方法，血液一下子升到腦部所致。這時，只要你對自己說：「不要擔心。我有辦法處理。我知道解決方法。」就能夠讓陡升的腦壓恢復正常。

如果讓大腦收到的答覆是：「我做不到。」「我不知道。」意識只好為了尋找答案繼續迷航，相反的，只要說出：「我做得到。」「我知道。」這兩句話，大腦就有如吃了定心丸，會暫時不再東想西想。

很多自我開發的書籍都一再強調：「只要不斷告訴自己：『付諸行動就辦得

我做得到！
我知道！
Cool

到。』『我一定做得到。』你就能充分發揮實力。」但從腦科學的觀點而言，向大腦如此喊話，確實能夠發揮使腦壓下降、替大腦降溫的效果。

說到向自己喊話的名人，我馬上想到前職業網球選手的松岡修造先生。他以「熱血男」的形象為人所知，最讓人津津樂道的，是他在上場比賽之前都會對自己信心喊話：「我做得到！」不過松岡先生的大腦其實處於非常冷靜的狀態。我認為原因是只要讓腦深信「我做得到！」「我可以！」，就不會被無解的問題與不安所束縛，而是全神貫注在此刻自己辦得到的事情上。因此最後也能交出漂亮的成績單。

只要利用「我做得到。」「我知道。」這兩句話替大腦降溫，接下來該做什麼，自然會一目了然。

當心情感到煩躁不安時，請各位相信自己「我一定能夠處理」，至於具體的解決對策可以晚一點再想。等到腦部恢復平靜也不遲。

牢騷和說人壞話只會助長心頭的怒燄

有些人生氣時，習慣向人吐苦水、說別人壞話，以洩心頭之憤。

只要能將累積在心裡的不滿，像是「我主管今天講了讓我超級不爽的話。」「虧我還把那傢伙當作朋友，沒想到他居然做得出這種事……」把這些話吐露出來後，好像就覺得心裡舒坦許多。

但是，這並不是釋放憤怒情緒的好方法。

因為只要想起生氣時的情景，心裡又會再度燃起怒火。

選擇以向人傾訴的方式發洩怒氣，等於要一一回想起當時的場面，這也會讓自己再度面對「為什麼我會遇到這麼不合理的事」的無解問題。

這個問題會讓大腦感到不安，血液再度直衝腦門，心中忿忿不平。

再者，聽你大吐苦水和發牢騷的對象，在聆聽的過程中也會向你提問。為了回答這些包括「為什麼」的問題，你必須重溫事發的當時經過，難保不會讓大腦再次感受到憤怒。總之，告訴別人自己有多生氣，唯一的作用就是讓自己更生氣。所以回到最初的主題，向人吐苦水、說別人壞話，是不是就能以洩心頭之憤呢？我認為不但不能，反而助長了心頭的怒焰。

尤其在腦壓上升期間，向人發牢騷和道人長短，說話容易失去分寸，很可能過度貶低惹怒你的對象。最後，你不是得說謊，否認自己說過的話，就是得罪對方。

當自己焦慮不安時，若想順利圓場，最好的方法是讓自己的腦和對方的腦恢復冷靜，而不是口出惡言或抱怨。

這麼做可以避免樹敵，堪稱明哲保身之道。

把自己尊敬的人、不生氣的人的思考方式當作借鏡

如果前面幾招都不管用，你的心情依然焦慮，實在很想找個人大吐苦水的時候，請在心裡想著讓你打從心底尊敬的人，或者在你認識的人當中，不會發脾氣的人。接著換位思考，想像：「如果和我一樣的情況發生在他身上，他也會像我一樣焦慮嗎？」也就是把自己換到對方的位置進行思考。

以我個人來說，我第一個想到的就是不論什麼時候都不會生氣的外公。

我的老家在新瀉縣。或許是當地的民風就是如此，我印象中那裡很少有人大聲咆哮。外公的個性又特別穩重，我記得他在世時從未向人開口抱怨，也沒看過他氣急敗壞的樣子。我非常尊敬這樣的外公，所以特別聽外公的話。

當我希望讓情緒恢復平靜時，我就會想起外公。

只要一想到「外公一定不會為了這點小事發脾氣」，但我居然為了這點雞毛蒜皮的小事生氣，我就會不禁為自己的幼稚與不成熟感到慚愧。

把自己尊敬的人、不生氣的人的思考模式當作借鏡這招，簡單來說，就是把自己的觀點提高到他們的位置。

我相信如果各位讓自己嘗試以俯視的觀點，看看生氣的自己，一定會發現一件事。

那就是，不知如何平息怒火的自己，簡直和放聲大哭喊：「我不知道該怎麼辦！」的孩子沒有兩樣。

只要告訴自己「我現在不知道該怎麼辦」，怒氣就會消失

前述已一再提到，憤怒就是陷入「自己無法處理」的情況時，大腦發出的哀號。

就結果而言，憤怒不過是一種「我現在不知道該怎麼辦」的信號。

除了對方主動攻擊你、為了突破現狀等不在此限，否則你根本沒必要表現出攻擊的態度，或是自己傷害自己。

感到憤怒時，請不要把焦點放在那個讓你焦慮的對象，而是在心裡默念：「啊，我現在不知道該怎麼辦。」

不可思議的是，只要這麼一個簡單的動作，討厭某個人或自己的感覺就會消失。因為這句話已經成功讓你轉移焦點，讓你把注意力集中在具體的事情上，開始探究「困住我的到底是『什麼』。」當然，這時你已經從憤怒的情緒走出來了。

第3章

不要被別人傳染憤怒的情緒

憤怒也具有傳染性

即使你已經學會克制怒氣爆發的技巧，但有時候看到別人發脾氣，自己也忍不住跟著變得激動。

受到周圍的影響，自己的情緒瞬間被感染的現象，基本上要從名為「鏡像神經元」的腦神經細胞的作用說起。

鏡像神經元又有「模仿細胞」之稱，能夠使人們對他人的行為舉止產生感同身受的認知。

我個人認為，除了鏡像神經元，腦部也存著多數的「同步細胞」，也就是容易與環境同步化的神經細胞。

拜這些同步細胞所賜，人會模仿別人的行為，而且別人所做的動作，也會活化自己的腦部。

與對方感同身受，能夠知道對方在想什麼，或許也是拜同步細胞所賜。但是，同樣因為同步細胞的關係，當我們看到面前有人正在生氣，我們也會忍不住跟著怒火中燒。

這種情況就像家裡只有有一個人心情不好，餐桌的氣氛就會變得愈來愈凝重；開會時，只要有一個與會的成員焦躁不安，其他人就會開始畏縮，幾乎不敢發言。上述這些現象，可說都是同步細胞幹的好事。

情況嚴重時，即使只有一個人焦慮，卻能感染在場許多人的情緒，不論在家庭或職場等，甚至可能讓整個團體陷入運作失靈的局面。某些網站湧入大量負評，遭到「炎上」等，就是最典型的例子。

那麼我們該怎麼做才不會被別人的情緒感染呢？

本章將具體的為各位介紹避免被別人感染的方法。

只要想到「這個人現在不知如何是好」，就會恢復冷靜

在同步細胞作祟之下，人只要看到生氣的人，自己也會不自覺動氣。

當然，除了同步細胞，還有其他導致易怒的原因。

也就是前述一再說明的，這是當腦陷入「無法處理！」時的恐慌反應。

以旁觀者的角度來看，他們無法預測這些生氣的人，或者雖然還不到生氣程度、但也覺得有些煩躁的人，接下來會做出什麼事。

「他是不是會突然翻臉啊……」

「現在他雖然低頭不說話，但如果我先開口，他可能會大吼大叫吧。」

只要想到上述情況有可能會發生，光是與他們共處一室都覺得膽戰心驚。

或是擔心對方可能想找人出氣，故意找自己麻煩，提出「工作表現很差就算了，起碼能早點來公司吧！」等無理的要求。

感覺心神不寧或遇到有理說不清的時候，腦很快就會陷入「無法處理！」的恐慌狀態。這也是為什麼當我們和正在生氣或煩躁不安的人相處時，自己的情緒容易受到他們的影響。

把氣出在別人身上的人，態度愈是蠻橫不講理，被他們當作受氣包的人，感覺「我受到攻擊」的傾向也會變強。因為對方不分青紅皂白，讓自己承受的壓力，和暴力沒有兩樣。

當自己受到攻擊時，想反擊對方是理所當然的反應。

不論是口頭上「回敬」對方，或者是找出對方的錯誤，毫不留情地回嗆：「有問題的人是你吧。」都是身為人極為自然的反應。

但是我要提醒各位，如果當下選擇反擊對方或反駁對方的話，請別忘記，對方的大腦早就處於滿載狀態，如果再增加新的刺激，等於火上加油。事情很可能變得一發不可收拾。

所以，面對眼前已經火冒三丈、急躁不安的人，請各位按捺想要反擊的念頭。

話雖如此，我們也不需要強迫自己忍耐。

前述已經提過，憤怒就是一種「我不知現在如何是好」的信號，對吧。

我們只要帶著這種眼光看他們就好了。只要告訴自己：「那個人正不知該如何是好呢。」這麼一來，即使對方正在大吼大叫，也能冷靜以對。

不可思議的是，一旦恢復冷靜，原本想挑釁對方的念頭，也就煙消雲散了。

「同情」是預防憤怒的特效藥

看到生氣的人，只要把他當作「不知所措」的人，想要反擊的念頭就會消失，而且還會萌生一股同情心。

以前與我共事的主管中，有一位從來不曾被他人憤怒的情緒所感染。那位主管堪稱把「憤怒」化為「同情」的專家。

他是我任職於美國明尼蘇達大學的放射線科MR研究中心（CMRR）時的主管，是一位年長我10歲的土耳其男性。

他在MRI領域是享譽世界的權威，在MRI領域中，個性頑固又自大的研究者為數不少，但他是對當時還是個年輕人的我最親切有禮的一位。即使他的工作相當繁忙，仍一貫保持溫文儒雅的態度，不但不厭其煩回答有關我研究上的各種問題，還給我不少有建設性的建議。

在他手下做事時，我曾經因為疲勞而失去耐性，對他表現出不耐煩的樣子。如果換成是日本的研究者，一定會被我這種態度激怒。

但是他當下的反應，卻讓當時的我大吃一驚。

身為下屬的我，即使表現出無禮的態度，他卻沒有動怒，反而一臉擔憂地問我：「阿德，你還好嗎？」「你平常的個性明明很溫和啊……你不是在擔心什麼事？」

聽到他這麼說，我頓時羞愧得無地自容。

他的寬宏大量也讓我佩服得五體投地。

「絕不生氣」是他始終如一的態度。結果我在他手下工作了6年，期間從不曾看過他發脾氣。

至今我依然很慶幸世上竟然存在著如此大度包容，體貼別人的人，而且也覺得自己有幸運遇到這樣的主管，與他共事了一段不算短的時間。

從他身上，我不只學到了工作上的專業知識，也學到了身為優秀主管必須具備的特質。

把生氣的人當作「現在有困難的人」是一種展示善意的表現，表示你關心正在受苦的對方。

請以關懷的口吻，完全不帶刺的態度詢問對方：「你今天好像和平常不一樣，你是不是很累？」「你是不是遇到什麼困難？」而不是展開攻擊。

如此一來，那怕對方是只要受了一丁點刺激就會動怒的人，應該也不會覺得刺耳，能夠坦然接受吧。

只要對方願意接受，我相信他會發現自己在生氣。說不定還會捫心自問：「我今天好像怪怪的。為什麼我會這麼煩躁呢？」

對生氣的人寄予同情，不但能夠避免自己的情緒受到對方感染，也有助於讓對方的情緒恢復平靜。說它是預防憤怒的特效藥也不為過。

無條件包容生氣的人

不管生氣的人對你說了什麼，記得都要點頭說：「好。」表現出充分接納對方的態度，這能發揮出乎意料的絕佳效果。

「肯定」和「接納」能夠緩解對方的不安，發揮降腦壓的效果。只要說「好」，就能澆熄對方的怒火。

前陣子，由我本人擔任院長的「加藤Platinum白金診所」，來了一位擁有驚人力量的女孩。

她是一個小學生，有輕度的發展遲緩。

診所的方針是，只要疑似發展遲緩，不論是成人還是孩童，都會先進行腦部影像診斷，再依照腦部的狀態推薦合適的學習方法。聽到我的建議，包括「為了讓學習變得更容易，你要記得這麼做喔。」等，她的反應是毫無猶豫，立刻回答我：「好，我會做！」

雖然她不過是回應了我向她提出的建議，但是我從她身上卻明顯感受到「我被療癒了」。

因為我感覺自己作為一個醫生，為了幫助腦部有問題的人，多年來努力至今的辛勞，被她直接了當的一聲：「好！」得到了毫無保留的肯定與認同。

人的年紀愈長，愈愛講道理，動不動就說：「這點我當然知道啊，但是……」「但是，這麼做又是為了什麼？」

正因如此，如果對方能毫不猶豫地相信你，我想你身上所有的疲勞和怒氣都會消失無蹤。

其實，我必須老實說，我不知道那位小女孩是不是完全聽懂我的話才點頭說好。

但是我已經親身體會到，無條件的肯定，能夠發揮令人難以置信的正面力量。

想要改變對方的想法和人生觀，基本上並不容易。

但是，面對生氣的人，首先無條件地接納他，似乎能幫助他舒緩壓力。只要讓血液直衝頭部導致陡升的腦壓下降，就能夠讓對方恢復平靜。

只要腦壓恢復正常，對方就能打開傾聽的耳朵，說不定會自己想通：「原來我可以換個角度思考這件事。」

對於他人向自己提出的要求，你當然必須仔細考慮是否要接受，但首先要做的，是爽快向對方應聲：「好。」仔細傾聽對方說話。這個舉動會成為釋放憤怒情緒的第一步。

只要成為「既定事實」，就不會被怒氣感染

即便如此，當對方的怒氣過於高漲時，就算你知道該怎麼做，卻可能太過驚訝，導致一時之間反應不過來，還是被對方的不安與不知所措牽動自己的情緒。

遇到這種時候，請你只把對方在盛怒之下的言行，單純當成「已經發生的事」就好。不論是生氣的人講的話還是做的事，都當成「既定事實」。

舉例而言，假設你埋首辦公桌、正在努力工作，不經意抬起頭時，剛好和課長四目相接。

沒想到，課長竟對你大聲斥責。

「喂，你的桌子怎麼亂得和垃圾堆一樣！難怪工作效率這麼差，連我們整個課的業績都被你拖累了！基本上，你平常的工作態度就很有問題……」

課長的火氣愈罵愈大，甚至還開始拍桌。

從你的角度來看，你一定覺得莫名其妙，不知道直到剛才都一臉和氣的課長，為什麼會翻臉和翻書一樣快？

因為一時無法掌握到底發生什麼事情，大腦陷入混亂，所以你的情緒也從不安轉為煩躁。再這樣下去，不只課長生氣，連你也要捉狂了。

這時，建議你用「既定事實化」的方法看待課長的言行。做法如下。

「課長的眼睛變成三角形了。臉色愈來愈紅。他說：『你的桌子怎麼亂得和垃圾堆一樣。』右手拍桌子……」

總之，你就當自己在寫劇本的舞台指示，在心中一五一十記述對方實際做出的行為，但完全不要提到對方的情緒狀態。

寫完以後，原本覺得對方充滿攻擊性的行為很可怕的感覺，就會變得愈來愈淡。

因為將對方的負面情緒拒之門外，可以減輕大腦的壓力。只要頭腦降溫，就能恢理性。

其實，如同上述「不要把焦點放在情緒上，只關注發生的事」的做法，也會應用於司法方面。

我曾經受某位擔任律師的朋友所託，協助事故與案件的檢證工作。因為這個關係，我曾多次以專家身分在開庭時出席。法官、檢察官、律師都僅針對「已發生的事實」進行縝密檢證。例如，「被告人與受害者發生爭執後，大喊一聲：『你這傢伙！』接著舉起刀子……」

供述筆錄盡可能不出現「憤怒的被告人」、「感到不安的受害者」之類的記載。即使出現這樣的記載，只要被告和受害者要求：「不是這樣的。請刪除這句話。」就可以刪除有關情緒的部分。原因在於「憤怒」「不安」等情緒都是當事人的主觀感受，無法檢證。

即使這個人在其他人眼中很明顯是極為憤怒的狀態，就結果而言也不過只是「推測」。

所謂的「憤怒」原本就是如此曖昧模糊的存在。

而且只要一點小事就會產生變化，說來就來，說走就走。

前一分鐘還氣得火冒三丈的課長，說不定只要一被社長誇獎，立刻轉怒為喜。

別人的「情緒」既然是如此喜怒無常，我們何苦被耍得團團轉。

如果是自己犯錯造成對方的困擾，那就坦然面對對方的憤怒。但如果你認為是「對方無理取鬧」，那就把對方的憤怒當作「既定事實」處理吧。

拓展視野
能使人看清憤怒的原因

一旦把對方的憤怒當作「既定事實」，就能大開眼界，看到各種有趣的事。

例如原本看不清楚的周圍狀況，這下子會變得很清楚。像是「對喔，課長在翻臉之前被叫到部長辦公室了。回來以後心情就變得很差。由此可見，剛才在部長辦公室一定發生了什麼讓課長覺得壓力山大的事。」

就算生氣的人在高壓狀態時口不擇言，只要自己不被影響，視野就會變得更寬廣。

只要視野變得寬廣，有時就能讓怒氣平息下來。

舉例而言，頻發於工作現場的爭紛，基本上可歸咎於高層設定的交期太短。

但是在工作現場，大家並沒有意識到真正的原因，老是針對個人發脾氣，像是

「都要怪A犯了大錯。」「B的速度實在太慢了。」但與其這樣沒完沒了「找戰犯」，大家要是能醒悟：「之所以錯誤百出，作業效率低落，都是因為整個團隊連假日都需要無償加班。為何被逼到這種程度，都要怪上面規定的交期太趕了。」不可思議的是，原本快要按捺不住的焦慮心情，居然就此消失。

原因是大腦已經得到解答，所以腦壓迅速下降所致。

前面說過，所謂的憤怒，就是當大腦哀號著「我無法處理！」的信號吧。只要理解系腦區表示「我知道了（為什麼會這麼焦慮的原因）」，腦內的神經細胞就會長出彼此相連的「枝椏」，讓原本只是在腦內打轉的血液，能夠在全身暢通無阻。這麼一來，腦壓也瞬間下降了。

總而言之，只要知道真正的原因，原本處於恐慌狀態的大腦就能夠順利降溫，恢復理性。

放慢講話的速度，讓對方冷靜下來

勃然大怒的人，除了語氣變得不客氣，講話的速度也會變快。遇到這樣的對象時，自己也會忍不住提高音量和講話的速度。原因已經在本章的開頭說明，這是受到鏡像神經元等同步細胞的影響。其實，我們也可以反過來利用同步細胞的特性。只要你的態度一直保持溫和穩重，對方的同步細胞也會開始發揮作用，讓怒火逐漸平息。總而言之，只要想辦法讓對方的同步細胞學會「見賢思齊」就可以了。

面對語帶攻擊的對象時，請你刻意放降低講話的速度，慢慢講。用字遣詞也要特別注意。如果講話帶刺，只會更刺激對方。不論對方的態度再怎麼焦慮不安，只要你沉著以對，對方終究會被你感染。

聽到對方用挑釁的口氣對自己講話，或許自己也會因為「不想認輸」，所以忍不住回嗆對方。但是，此時選擇反擊只會讓雙方的怒火不斷上升，無法發揮實質作用。

面對大腦工作表現因憤怒而大幅下滑的對象，你實在沒必要燃起鬥志。

請你成為保持鎮靜的一方，幫助對方從情緒的亂流脫身吧。

對生氣的人而言，這是一種救贖。

slowly.

「不要與別人的憤怒同步」是一種體貼

憤怒的人會製造更多憤怒的人。

原因是模仿對方行為是大腦的本能。

不過有時候，不生氣的人也會製造出不生氣的人。

換句話說，只要你不被別人的憤怒感染，就有能力向對方伸出援手。

如果你被生氣的人影響，自己跟著發脾氣，大腦的工作效率也會降低。如果運氣不好，說不定會錯過了原本應該很容易發現的解決方法，使雙方兩敗俱傷。

人很難避免不被別人焦慮的情緒感染。

因為模仿對方的表情和動作是大腦與生俱來的本能。

但是，人為了改善生命的品質，也同時具備了用以抑制本能的「理性」。
理性可以對生氣的人發揮憤怒以外的影響力。
也就是「不要與別人的憤怒同步」的「體貼」。
以上是我最近幾年開始產生的想法。
生氣的人，就是「不知所措的人」。
願意聆聽他們的心聲，並主動伸出援手的人，我認為是這個世界求之不得的存在。

第4章

如何面對受影響而變得焦慮的人

發現有人對你說謊時，該注意「行」而非「言」

對某些人來說，說謊就像吃飯、睡覺一樣，是非常稀鬆平常的事。

例如「我的下屬傳訊息告訴我：『我今天身體不舒服，想請假在家休息。』結果他第二天來上班的時候，我發現他曬黑了。」

「明明信誓旦旦地對我說：『我絕對不會出軌。』結果又外遇了。」

遇到這些事時，的確會讓人很生氣。

以腦的觀點而言，這時所感覺的憤怒，是因為思緒不斷在腦內打轉，急著想找出答案，因為大腦無法理解「那個人說的話和做的事哪個才是對的」。

為了解除這種狀態，最有效的方法是注意對方的「行」而非「言」。除非是不可抗力的情況，否則相較於「行」，可以後續補充的「言」完全只是藉口。

宣稱「我身體不舒服，在家休息」的人，如果隔天來上班的時候，以曬黑的模樣示人，至少可以證明他不可能一整天都待在家裡休息。

拍胸脯保證「我絕對不會出軌」的人，如果再度劈腿，那麼表示「出軌」才是確實發生的事實。

以蛋糕比喻的話，說謊者的「言」好比裝飾部分，也就是配料的部分。「行」才是海綿蛋糕本體，屬於拿不掉的「實際」的部分。所以，「言」「行」不一致的人，他的「言」不過只是「行」的裝飾。

一旦你能夠分辨對方的言和行，哪個才是事實，你的大腦馬上能夠降溫，恢復冷靜。

從對方的謊言中「清醒」過來，代表你已經能夠分辨什麼是事實，而恢復冷靜的大腦也能夠以客觀的眼光看待事情。

遇到「雖然沒有確實的證據，但我覺得他在說謊」的時候，請先回想自己究竟從什麼時候開始覺得對方的話聽起來很可疑，並針對對方的「行」列出時序表。

只要把「行」的部分單獨串聯起來檢視，或許就能看清有關對方的事實。例如「對了，我記得那時候他在電腦搜尋哪裡的海岸可以衝浪。」「從那個時候開始，他就手機片刻不離身了。」

雖然很遺憾，但我相信各位終究會體會，有時候「言」不過是沒有靈魂的裝飾。若你已充分了解這點，接下來你要採取的行動，應該針對對方的「行」，而不是「言」。

總而言之，如果你被別人的「言」激怒，請回頭檢視對方的「行」才是正解。

愈是關係親近的人，愈需要分「你我」

撒謊的對象愈是和自己親近，對方感覺「我受到背叛！」的感覺也愈強烈。怒氣也會呈正比增加。

如第1章所說明，我們之所以對愈親近的對象愈容易感到不耐煩，都要歸咎於「『傾聽的耳朵』在親近的人面前派不上用場」（第55頁）。

其他理由還包括：關係愈是親近，雙方在「腦結構」上的差異就愈明顯。

每個人的大腦都有自己專屬的規格，且如實反映出這個人的生活樣貌。

所以雖然人人有大腦，但每個人的腦結構都不同。

也難怪即使每個人看到一樣的東西，但認知都不一樣。

但很多人根本沒料到這點。基本上，絕大多數的人都以為「擁有相同經驗的人，都具備相同認知」。

然而，只要實際聊過就會發現，對方的認知並不如預期般與自己如出一轍，而是呈現些微落差。

這時，如果人們了解「說得也是啊。畢竟別人又不是我」的道理就好辦了，但是有些人並不知道腦部結構的差異會導致每個人所認知的事實不盡相同，所以他們會覺得不安與困惑，大腦陷入「無法處理！」的狀態。

這也是為什麼有些人發現別人的認知原來和自己不同時，就會做出「怎麼會這樣！你在說什麼我聽不懂！」「你出賣我！」等激烈的反應。

相處時間愈長的對象，當然共有的經驗也愈多，但長久累積的認知與理解的差距也相當可觀。另外，自己對相處時間愈久的對象，抱持「他應該很了解我」的期待也愈高，所以當雙方意見不合時，會格外覺得難以容忍。

這就是為什麼我們特別容易向家人、同事、好朋友等熟人發脾氣。熟齡離婚的原因，可能和這點也脫不了關係。

說得極端一點，就算我們知道期待對方能夠「懂我」是自己的一廂情願，但要捨棄這份對對方的期待與信任並不容易。

原因在於，對於生物而言，如果預測不符合結果，便意味著死亡（例如相信某處有食物所以前往，到了卻發現什麼都沒有的話就會餓死），只要人類依舊是過著群體生活的動物，「想要在群體找個可相信的人」就是深植於基因的本能。為了安居樂業，人當然希望自己的預測準確，也想要有人可以信任。

因此，當自己發現對方的行為與過去的記憶不同時，會感到憤怒是一種正常的反應。

這也正完全呼應了本篇的標題——愈是關係親近的人，愈需要分「你我」。

為了與親近的人維持良好的關係，這麼做是效果最確實的方法。

或許對重感情的人而言，這種作法會讓人覺得感傷。

但是，與其雙方彼此怨懟，在不知不覺中互相傷害，我認為這麼做才是真正的體貼。

看到行為不合乎常理的人，只要告訴自己「只是預測落空」就會冷靜下來

言行舉止不合乎常理的人，會使其他人變得焦慮。

當自己視為理所當然的規矩被對方視若無睹，我相信任誰都會覺得火大，很想當面抗議吧。

舉例而言：

「我在車站被某個傢伙撞到了。撞到人本來就應該道歉，他卻連對不起都沒說，太過分了！」

「夫妻一起分擔家事對雙薪家庭來說是天經地義的事。但怎麼都推給太太一個人做，想到就氣。」

「荷包蛋一般都是淋醬油，怎麼有人淋豬排醬，完全不能接受！」

事實上，很多人認為的「理所當然」，成分並不單純；有些種類是從很久以前就

被視為「舊常識」，也有些是最近幾年才出現的「新常識」，甚至還有些幾乎只能說是「家規」。所以不合乎常理的人，究竟是惹怒別人的一方，抑或被別人惹怒的一方，不好說的情況並不少見。

總之，不論被自己認定的「理所當然」屬於哪一種，其實都是「（基於自己過去的經驗）預測對方的行動，但偏偏事與願違」，所以覺得自己被騙了很生氣。

預測失敗時，大腦也會大叫：「我無法處理！」

為了平息焦慮，最簡單的方法就是產生自覺，知道「預測落空讓我很挫折」的事實。

但是，如果以「善惡」衡量常識，有些時候真的只能把錯怪在對方身上。

即使如此，你該做的不是為了宣洩怒氣而攻擊對方，而是理性和對方溝通，告訴他：「我希望你這麼做。」不過，為了冷靜地表達自己的想法，先決條件是發覺自己在生氣，懂得想辦法恢復理性。

帶著挖苦與批判的眼光瞧不起別人的人，其實只是個膽小鬼

有些人只要一開口，就很容易惹怒別人。

和別人交談時，總是帶著貶低對方的意思。

我相信不論是哪個職場，一定都有習慣酸言酸語的人。而且一副自己最行，別人只會出包的態度。像是：

「你連這種事都不知道喔。」

「你的戰鬥力很低耶。」

或者是：

「你就是這點不行。」

「你只要照我的話去做就對了。」

這些人的共通點，是一定要表現出自己高人一等的態度，否則絕不善罷干休。其

實，聽覺系腦區的記憶力特別發達的人當中，有不少這種類型的人。

聽覺系的記憶力發達的人，偏差值（成績的分數排位）通常很高，傾向於從學生時代開始就以成績判斷自己的價值。

這類型的人已經習慣自己處於優越地位，所以當自己的優勢不再時，大腦就無法運作。

也難怪他們遇到有人可能威脅到自己地位時，一定語帶批評與貶損，藉此貶低對方的價值。因為他們只能藉由鄙視對方以換取內心的平靜。

換句話說，喜歡批評與貶損別人的人，他們的思考腦區已經因為「怎麼辦？我的優勢不再了！」而陷入恐慌。說到底，批評與貶損也是「憤怒」的一種。

為了避免自己的情緒被憤怒的人感染，鐵則是至少要與他們保持距離1個小時。但經常批評與貶損別人的人大多沒有自覺。所以他們不會只講一次就算了，而是一開口都沒好話。

但是，只要一聽對方開口就憤而離席，畢竟不是現實生活中可行的方法，下次如果聽到對方大放厥詞，最好的方法是左耳進右耳出，或是在心裡告訴自己：「又來了。他就是怕別人威脅到自己的優勢，才會虛張聲勢。」

面對對方的批評與貶損做出回擊，只會讓對方的優越感有增無減。而且他在得意忘形之下，講出來的話會變得更加尖酸刻薄，所以，「面對批評與貶損不為所動」才是最有效的防身術。

理解男女的差異

我認為掌握「男女在想法上的差異」也很重要。

面對憤怒的人，基本上只要抱持著「這個人現在有麻煩了」的態度，就能夠寄予對方同情。但是，如果對方生氣的理由已大幅超過自己的理解範圍，那麼自己的想法就會從「這個人現在有了麻煩」變成「這個人真是個麻煩」，而且原本的同情之意也蕩然無存。

我相信不少人面對異性時，都會產生「明明都是人，但完全無法理解他的言行舉止」的感覺。

很多人之所以無法理解異性的行為，以及行為背後的動機，原因在於男女的腦部結構其實有些微不同。

若以ＭＲＩ拍攝的腦部影像比較男女的腦部，可發現下列的差異。

【女性的腦】

左腦部分的聽覺系腦區較發達

〈左腦的特徵〉

以「自己的意見」為優先

〈聽覺系腦區的特徵〉

執著於「話」

↕

【男性的腦】

右腦部分的視覺系腦區較發達

〈右腦的特徵〉

以「世間的價值觀」為優先

〈視覺系腦區的特徵〉

執著於「狀況」「脈絡」

以一般的傾向而言，和男性相比，女性「左腦」這邊的「顳葉」比較發達。「左腦」是擅長語言理解的區域，所以左腦發達的女性更擅長以言語表達自己的想法。因此她們會堅持自己的意見，更傾向重視自己想法而非他人的想法。

再加上「聽覺系腦區」位於「顳葉」，所以女性對聽到的話特別敏感，容易被別人的話左右情緒。

另一方面，相較於左腦發達的女性，男性則是「右腦」更發達。「右腦」擅長理解非語言的表情與動作。換言之，比起語言，男性更擅長以影像掌握訊息，俯瞰大局的能力較為出色。

「視覺系腦區」的發達也替這個傾向發揮了助力。因此男性重視客觀大過於自己的主觀，也就是更在乎普世價值。

和女性相比，男性的聽覺系腦區較不發達，所以對「語言」本身不會太執著，而傾向於以反映出「狀況」的脈絡表達意見。

只要對上述內容瞭然於心，就不難看出男女各自容易被踩到的痛點所具備的結構。

〔左腦〕
〔左腦〕
・喜歡講話
・遵從自我
・沉默寡言
・喜歡守規矩

女性容易對「話」耿耿於懷

女性左腦的聽覺系腦區較發達，對「話」很敏感，而別人說的話也常常成為引發她們怒火的導火線。

前陣子，我舉辦了一場專為中小企業主管和社長們設計的腦科學演講，結果當天到場的幾乎都是男性。

這時，我剛好提到男女之間大不同的話題。讓我印象深刻的是，當天在場的多位男性，都不吝於與大家分享自己因「踩到女性的地雷」，讓對方勃然大怒的經驗談。對「話」特別敏感的女性，非常擅長還原別人說過的話，尤其對於「那時候你說過的話」的內容，更是記得一清二楚。

據說有對夫妻被朋友問到：「婚後的生活怎麼樣啊？」結果先生回答：「我覺得沒差啊。」沒想到夫妻倆到家後，太太就火冒三丈地說：「你說『沒差』是什麼意思。反正你的意思就是有沒有和我結婚都沒差就對了!?」

讓先生始料未及的是，即使事過境遷，太太還是把這件事記得一清二楚，只要兩人吵架，太太一定舊事重提，氣呼呼地放話：「反正我們的婚姻生活怎樣都沒差啦！」

如果是女性聽了這段話，大部分都會表示：「我能充分體會那位太太的心情。」但男性的反應就大不相同了。他們大多難以置信地表示：「就為了這種事情……」

比起話語本身，男性會依狀況隨機應變，所以不如女性重視話語。

所以，那位先生當時說的「沒差」，其實並沒有什麼特別的意思。按照對話的脈絡來看，他想要表達的意思應該是「沒有什麼問題」。

一般而言，男性對語言的敏銳度原本就不如女性，所以話中有話的情況並不多見。但是，對語言敏銳度高的女性而言可就不一樣了。因為「沒差」一詞在女性聽來，意味著「這是沒有興趣、覺得不滿時會說的話」等更深層的意義。

即使男性辯解：「我沒有這個意思啦！」但是因為男女的腦部結構不同，造成認知方式出現差異，所以女性不會輕易買單。

男性無法容許「違規」

女性的左腦普遍比較發達。其特徵之一是「以自己的考量為優先」。所以比起常識，女性更堅持自己的想法，而且有輕視世間規則的傾向。會講出「那是一般普遍的想法吧？可是我不這麼認為」這種話的，就是典型的女性腦。

相形之下，右腦發達的男性，則強烈傾向於以世俗的價值觀為優先，而不是自己的價值觀。

「『論語』有提到」「史提夫・汪德曾經這麼說」等講話時喜歡引經據典的男性人數不少，這個特徵也是右腦發達的證據。

男性顯然很在意他人的價值觀，相對的，自我判斷的基準就變得模糊不清。他們很難在內心建立明確的基準，所以偏好明文化的規則與常規。

這也是為什麼相較於女性，男性會強烈表現出深植於規則與常規的「正義感」。

因此，男性對「不遵守規定」和「背叛」這兩件事的容忍度極低。

在黑道電影等影視作品，我們經常看到原本「歃血為盟」的雙方，因為其中一方背叛拜把兄弟，雙方從此反目成仇，拚個你死我活的場面。重視普世價值的男性腦，只要看到不守規矩的人，就會驚慌失措。這股驚慌失措不久會轉為強烈的憤怒。

尤其是當他發現不守規矩或背叛自己的人，是家人、朋友、同事和原本被視為與自己一起打拚的夥伴，恐慌的程度會加劇，最後爆發出熊熊的怒火。

一樣被問到「你覺得怎麼樣」，男性會生氣，女性會開心

男性腦的特徵，除了自我基準模糊不清，還有另一項值得玩味的特徵。那就是當被問到「你的想法是什麼」時，就很容易陷入恐慌。

右腦佔優勢，重視世俗價值觀的男性，對事情的看法基本上都來自常理、普遍看法與權威意見。

因此，當自己被問到：「撇開普遍的看法和權威的說法不談，請問你自己有何看法？」大多會不知如何回答。

相對之下，左腦佔優勢的女性，本來就傾向於以自己的想法為優先，所以當自己被問到「你的看法是什麼」時，當然非常樂於表達自己的意見。

如果當個旁聽者，在一旁聆聽兩位女性之間的對話，有時會發現雙方都是自顧自

講個不停。或者是看似彼此交談，但回答卻是牛頭不對馬嘴。這也是因為左腦發達，導致女性把價值觀的基準放在自己身上所致。

對這種溝通方式習以為常的女性，遇到習慣搬出常理和普遍認知的男性，理所當然地會詢問對方：「不管正常人一般的看法，你自己覺得怎麼樣呢？」

雖然女性一點要攻擊對方的意思也沒有，但是對已經習慣按照世俗觀思考的男性而言，光是被問到這個問題，就足以讓大腦陷入混亂，開始焦慮了。

如果女性繼續催促：「快回答啦，不要都不講話。」男性很可能被激得忍無可忍，最後出言反擊：「你很吵耶！」

反過來說，當男性與女性溝通時，如果動不動就搬出常理、普遍看法或權威意見，也不會有太大的加分效果。

甚至有可能適得其反。當男性振振有詞地說：「這是基本常識吧！」搬出一般大道理，企圖說服已經顯得不耐煩的女性，恐怕對方只會很不客氣地反擊：「對啦，一般人可能是這麼做沒錯，那又怎麼樣？和我有什麼關係！」

一樣被問到「你覺得怎麼樣」的問題，男性腦與女性腦的反應截然不同。

各位如果對上述說明的「腦結構的性別差異」一無所知，就會誤以為自己的基準也適用於異性。

換句話說，雖然我們以為「只要好好說明就會了解」，但實際上常常行不通。

男女對話時，請各位要先做好「男性與女性的腦結構不同，掌握和理解事務的方式也不一樣」的認知。

做好這樣的認知，是拉近雙方距離的第一步。

列出名單，知道有哪些人會讓自己焦慮

本章已為各位介紹幾種會讓人產生焦慮的情況模式。會讓自己產生焦慮的對象可說因人而異。不過，會讓自己產生強烈焦慮的人，就是「不好應付的對象」。

以我個人而言，當我和習慣說謊，言行不一致的人相處時，因為必須不斷回想過去以確認對方的行動，最後常常覺得筋疲力竭。

有些人則是特別不擅長應付講話喜歡挖苦人的對象，或是把不同的價值觀強塞給自己的異性。那你呢？最讓你覺得不好應付的對象是哪一種呢？

不論是哪一種，如果在沒有「心理準備」的情況下與自己不擅長交手的對象碰面，焦慮的程度可能會超乎自己想像。而且要特別注意，愈是掉以輕心，腦受驚的程度也愈大，當然恐慌的程度也跟著暴增。

為了避免這種情況發生，建議各位平常就在心裡擬好一份名單，掌握「到底有哪些人可能會讓我招架不住」。

像是「只要和喜歡道人長短的對象在一起，我就會變得很沒耐心」「對那種八面玲瓏，都不發表自己意見的類型最沒輒」等，總之，只要事先知道哪種特定類型的人最容易讓自己坐立難安。或者是除了行為，也把人名記起來，例如「老是多嘴的A先生」。

不得不和名單上的人見面時，首先請決定好當場必須達成的「目的」，接著一心朝著這個目的努力。如果沒有必要，你也不必勉強自己和對方培養感情。總之，就算你稍微踩到對方的地雷，也只要把它當作原本預期內的事，就可以輕鬆釋懷了。

只要拋開「要和對方好好相處」的高標準，或許你就不會再覺得焦慮了。

第5章

不會生氣的人每天養成的習慣

不會生氣的人經常活動身體

本章要為各位介紹不會生氣的人養成的日常習慣。

感到焦慮不安是每個人都有的正常反應，但只要稍微改變日常的行為，就能讓自己不會過度感到不安，擺脫易怒的情緒。

為了養成「不易發怒」的體質，請各位從以下介紹的方法中，先從自己覺得可行度高的項目進行挑戰。不必每個方法都執行。選擇適合自己的方法持之以恆，才是成功的捷徑。

前陣子，有位從關西遠道而來的女性在我的診所掛了腦部影像診斷的門診。她告訴我說：「我幾乎沒發過脾氣。」

於是我好奇地詢問她為什麼可以不生氣，她回答：「我在發脾氣之前，會趕快動動身體。」具體而言，只要覺得自己心浮氣躁，就趕快採取行動，立刻消除讓自己煩躁的因素。

正如這位女性所告訴我的，「馬上活動身體」是避免怒氣累積的關鍵。

如果不活動身體（運動系腦區），腦內的其他腦區就會出動，開始想些有的沒的，徒增煩惱與不安。因為只要有心要找，讓自己心煩意亂的原因可說要多少有多少。像是：

「現在桌面太亂，沒辦法專心工作。」

「這份數據到底有沒有放進我現在做的資料啊。」

「我在放假耍廢的時候，同事好像去參加講習會進修。」

只要找到上述的不安因素，大腦就會陷入恐慌，驚惶不安。

如果不趕快活動身體，不安的情緒只會不斷膨脹。

不過，遇到這種時候，能夠趕快找點事做的人就不會焦慮。像是：

「在工作前先整理桌面吧。」

「趕快找出資料。」
「把以前參加過的講習會找出來，看看現在能不能報名。」
因為只要得到解答，讓大腦放心，「我知道了，只要這樣處理就好了！」就可以消除讓人不安的疑問。
再者，讓人耿耿於懷的刺激已經從眼前就此消失，所以就不必繼續找問題了。總之，只要立刻消除不安因素，就不必擔心之後會接二連三地挖出其他不安因素。
舉例而言，被問到「6÷2等於多少？」，只要斬釘截鐵的回答是「3」，一般人就不會繼續思考這個問題。因為大腦已經接受這個明確的答案。換言之，惱人的刺激已經消除了。
但是，如果換成被問到「圓周率是多少？」，那麼腦部就得不斷計算，最後得到「3.141592……」的結果。即使算到一半發現到「這樣計算下去恐怕永遠沒完沒了」，但也無法說停就停。

嗯

就某種意義而言，生氣其實和「計算不出最後結果」是相同狀態。因為大腦為了追求「我知道答案了！」的解脫感而不斷苦思，這和我們找不出解答只好生氣的處境可說是同病相憐。

我們之所以生氣，是因為我們面對的是自己無力改變的狀況。像是「別人」、「無法改變的過去」，也可能是「無從確定的未來」。正因為無能為力，所以覺得焦慮不安，最後燃起怒火。

相形之下，馬上找點事情做的人，表示「自己」已經察覺「現在」能做什麼，所以立刻付諸行動。

自己現在能做的就立刻執行。至於其它自己無能為力的部分，即使想了也沒用，所以乾脆不想。唯有如此才能形成「不被憤怒綁架」的良性循環。能夠做到並維持這點的人，就是不會發脾氣的人。

不要再說「該怎麼辦」，而是養成「問題出在哪裡」的口頭禪

已經知道自己下一步該怎麼做的人，也就是找到出口，不被憤怒困住的人。換個角度來說，也是「能夠客觀分析現有問題的人」。

當人陷入恐慌時，腦壓就會上升，導致無法思考，更別說想出解決對策了。所以在腦壓上升之前，想清楚下一步該怎麼做並付諸行動，是避免讓自己被憤怒束縛的重點。問題是，如果無法分析問題，並且套用在具體事例，就不知道接下來該怎麼做。所以只能原地踏步，被困在憤怒的情緒裡走不出來。

不知道下一步該怎麼走的人，大多數傾向於聽天由命。也就是「我覺得好煩喔。可是又不知道該怎麼做才好。」

「該怎麼做才好」是一個非常模糊不清的問題。

假設主管看了你提出的企畫案對你說：「這份企劃書寫得不是很好，你覺得接下來要怎麼辦？」請問你會如何回答呢。

我想，一般人都會進一步追問：「您說不是很好，是指哪個部分不好呢？可以請您告訴我嗎？」

如同上述，為了得到確實的進展，我們必須提出能夠獲得具體回答的問題。

所以，覺得心急如焚的時候，我們不該問自己：「該怎麼辦？」而是，「問題出在哪裡？」

如果你並不介意被交付從未做過的艱鉅工作，而是想擺脫不知該從何下手時的焦慮感，那麼請不要把著眼點放在「該怎麼做」，而是「到底出了什麼問題才無法前進？」

這麼一來，我相信你就能揪出問題的癥結點。例如「找不到彙整所有資料的軟體」、「有關這部分的資訊不夠詳盡」等。既然找出問題，接下來該做的事情就一目瞭然了。當務之急是找到軟體、諮詢擁有豐富資訊的人。

在想出如何解決問題的具體對策的當下，你的大腦也瞬間豁然開朗，所以腦壓就馬上下降了。隨著血液循環的提升，大腦也恢復冷靜，不再困於憤怒的情緒。

下次當你遇到讓人心浮氣躁的問題時，請提醒自己，該關心的不是「該怎麼做」，而是「到底問題出在哪裡？」

懶得動的人容易發脾氣

有時候我們會遇到完全使不上力的情況，唯一能做的就是等待。這時，為了消除煩躁不安的情緒，最有效的方法就是「活動身體」。

前述已為各位介紹「將憤怒轉移到肌肉，使其燃燒」（74頁），簡單來說，當腦區負荷量已經超載，或是即將滿載時，就把大量工作移往其他腦區，使自己忘掉憤怒。

舉例而言，當思考系腦區一心想著討厭的事，想到再想下去就要陷入恐慌時，就開始使用運動系腦區，把意識轉移過去。

總覺得心情亂糟糟，但是又想不到該做什麼事的時候，就是做些老早就想做，卻遲遲沒有行動的事的最佳時機。例如整理雜亂的房間、搶救即將崩塌的書櫃、帶寵物出去散步、慢跑以維持健康、出門旅行等。

我認為「懶得動」的人可以和容易煩躁不安畫上等號。換句話說，也就是容易發脾氣的人。

日行萬步以上，有助消除腦部的疲勞

前面已經說明過，積極找事做的人不會生氣。

我相信一定有人忍不住想說：「腦力都用在工作上了，回家後只想躺平，哪有力氣再做什麼呢。」我和各位保證，這樣的心情我非常了解。

不過我想告訴各位，明明身體的活動量不大，卻感覺全身倦怠無力時，有時候是因為運動系腦區以外的疲勞，並不是真正的全身疲勞。簡單來說，我們有可能把「腦部的疲勞」誤以為是「身體的疲勞」。

如果真正疲勞的是腦部，那麼只要活動身體，讓運動系腦區值班，其他腦區就可以趁機休息。

「雖然工作一整天已經累翻了，但是去健身房運動流流汗，卻覺得神清氣爽，通體舒暢呢。」

「雖然身體很疲憊，但是利用短暫的空檔去跑步以後，不但感覺身體變輕盈了，精神也更好了。所以報告三兩下就完成了。」

我想有過類似上述經驗的人，應該超乎想像的多吧。

這是因為運動系腦區以外的其他腦區，都可以趁著運動期間休息，消除疲勞。

尤其有氧運動可以促進血液循環，效果更好。建議各位讀書讀累了或文書工作做久了，覺得很疲倦時，不妨站起來舒展筋骨，藉此消除疲勞。

順帶一提，我個人習慣隨身攜帶計步器。最近我發現一件事，那就是「如果我走了超過1萬步，當天就不會生氣。」

說出來不怕各位見笑，如果一天的步數低於7000步，我就很容易出口成髒。如果開會時講了很多話，或是事前磋商的時間拖得很長，可能是因為傳達系腦區的工作量已經超載，所以這方面的自制力就會下滑。

因此只要時間許可，最近我都會盡量要求自己一天要走1萬步。另外提醒各位，如果住家與工作地點的距離不到5分鐘，走路的機會會減少很多，而且活動模式也容易流於一陳不變。

話說回來，活動過度會消耗太多體力，這下子真的會全身疲勞，累到動彈不得。如果是為了重啟大腦，請各位務必掌握適合自己的運動量。最重要的是養成習慣，持之以恆，這樣才能有效避免焦慮上身。

停止一廂情願的「應該」「照理說」

當一個人發脾氣的時候，代表他正處於「我有了麻煩！」的狀態。

「給自己找麻煩」的重大因素之一是「自己一廂情願」。

當你生氣時，是不是因為心裡感到憤恨不平，認為：「這件事原本應該這樣發展。」「照理說是這樣才對。」這些「應該」「照理說」其實都是自己的一廂情願。

舉例而言，假設A先生認為「文件要依照日期先後順序整理」。

但是，他的同事B先生卻習慣依照文件的類別整理。

B先生的做法讓A先生無法接受。

因為他個人單方面認定「文件就是要依照日期先後順序整理」，所以他的大腦對B先生的行為不知所措，覺得很煩燥。

A先生的想法中，缺少了當我們與其他人共存於社會時最基本的認知，也就是

「別人有別人的作法」。人只要把對方的等級視為與自己對等，就會認為自己的基準也適用於對方，而忘記了最基本的事實。

一旦認為自己的基準也適用於對方，只要看到他做出不符合自己觀念的事，就會認定對方缺乏責任感或是漫不經心。

但是，認為自己的基準也適用於對方，基本上是一個大錯特錯的觀念。

各位如果發現自己會把「應該」「照理說」等自訂的標準套用在其他人或社會，那麼請先改掉這個習慣吧。

當「應該」「照理說」的念頭即將浮現，請養成把這句話改成「我覺得做～是對的」的習慣。

以剛才A先生的情況為例，他的想法是：「我自己認為把文件依照日期的先後順利整理很好。」

「自己……」的後面，再加上「那麼其他人呢？」，才是一整套完整的問題。

如果想得到「別人也有自己的想法」，自然而言就不會再出現「應該」「照理說」等一廂情願的想法了。

不斷累積自己辦得到的事，慢慢增加自信

有些人不只對別人，連對自己也常出現「應該」「照理說」的心理。但是，在此鄭重告訴各位，請務必改掉這個習慣。

因為連自己可能都會被「一定要這樣」的想法逼到走投無路。

「我應該把工作做得更好。」

「我應該當個更好的母親。」

如同上述，人一旦單方面認定「做得到是理所當然的事」，只要自己做不到，就會忍不住責怪自己。

即使有人稱讚自己：「你千萬別這麼想。能做到這樣已經很厲害了。」「你已經做得很好了。」自己就是無法坦然接受，而是繼續貶低自己：「哪有這種事？」「其

實我做得不好，你說這種客套話只是為了安慰我。」

習慣這麼思考的人，一旦被人拜託，即使自己已經忙得不可開交，大多時候還是會接受。

因為自己想要以「沒有功勞也有苦勞」來減輕自己的自卑感。

但這麼做等於加重自己的負擔，反而使壓力變得愈來愈大。

另外，有些把「應該」「照理說」的想法也加諸在自己身上的人，不會對外宣泄壓力，而是把負面情緒往心裡塞。所以當他們覺得煩躁時，反而變得沉默寡言，直到最後再也忍無可忍，才直接撕破臉說：「我不幹了！」這種情況並不少見。

連對自己也無法擺脫「應該」「照理說」的想法的人，必須養成培養「自信」的習慣。正因為缺乏自信，才不得不把「自己應該更努力」的過大理想強加在自己身上。

為了培養自信，最好的方法就是從自己現在就做得到的事情下手，馬上做就馬上看到效果。而且要持之以恆。

我推薦各位可以掃除和整理房間。

因為做完馬上看得到結果，就能夠讓自己產生「我有能力把事情轉變成自己想要的樣子」的自信。

而且經常往心裡塞的憤怒的能量，若藉由這兩件事加以「可視化」，心裡就會舒坦許多。

從小事做起就好，不需要挑戰遠大的目標。

目標小沒關係，能夠秉持著積少成多，每天持續努力的精神最重要。

不以「情緒」，而是以「得失」決定

在我擔任負責人的腦部診斷研究所「腦的學校」員工當中，有一位幾乎從沒發過脾氣的男性員工。根據他本人的說法，他已經有10年以上沒發過脾氣。

在我向他請教為什麼能夠不生氣的原因後，他這麼回答我：「因為我是根據得失而決定我的行為。」

照他的說法，生氣會帶來以下結果。

- 耽誤到進度，白白浪費時間。
- 浪費時間，等於浪費成本。
- 現場被低氣壓籠罩，在場沒有一個人會開心。
- 會被別人視為難搞、不好相處的人。

而且這些結果沒有一個是正面的。

由此可見，「發脾氣不但沒有好處，反而壞處一大堆。所以我認為沒有必要發脾氣」。

像這位男性一樣不會表現出怒氣的人，都是以忠於理性的「計較得失」做為行動準則，而會發脾氣的人，都是依照深植於本能的「情緒」採取行動。

「希望自己被人了解」「希望自己的要求被接受」等強烈的情緒，都是基於想要信賴他人，並且希望對方能和自己一起過得開開心心的本能。

但是，如果任憑以「自己」優先於「他人」的本能驅使，就會把不切實際的期待加諸在對方身上。

如果對方無法回應自己的期待，自己就會產生「被人背叛！」的感受，但平心而論，這完全是因為「自己說了算」的下場。

這齣獨腳戲可能會害值得信賴的對象傷心，而自己也少了一個有力的後援。

100
得失
情緒

聽到「以得失作為行動準則」這句話，或許會有人覺得太過功利、缺乏人性等，殊不知，若是有心「與人為善」，更需要精打細算。

就結果而言，「精打細算」其實是最快解決問題的方法，也是將損害減至最輕的竅門。

建議各位務必要養成「思考我可能會失去什麼」的習慣。當你的怒氣即將爆發時，請發揮最後一絲理智，想想發脾氣可能造成的後果。像是「如果繼續對他視若無睹，我們的關係是不是就沒救了」「如果現在對他破口大罵，可能會毀了整個團隊的專案」等。

對方幫你做的所有事，都會為你加分

雖然知道生氣百害無一益，但有時面對某些對象，就是難以壓抑滿腔的怒火。遇到這種情況時，我都會想起母親對我說過的一句話：「把對方幫你做的所有事，都當作會替你加分。」

相信各位一定都曾遇過結果不符合自己預期的事。例如對方幫你準備的資料不是自己要的、不滿意對方幫自己買的東西等。

發生這種情況時，開口向對方抱怨說「我要你準備的不是這些資料吧」「你怎麼不事先告訴我要買什麼」是人之常情。我們單方面認定的「你應該這麼做」「照理說是如此」，大多符合世間所稱的「常理」，所以看到對方做出預期以外的行為時，當下的反應就是責備他。

不過，只要我們能稍微換位思考，告訴自己說：「他這麼做也是出於一番好意吧。」就不會覺得有必要發脾氣了。

或許在你眼中，對方根本是多管閒事，或者不夠善解人意，但以對方的角度來說，這是當時他能夠為你做的最好安排。

我覺得世上所謂的「惡意」，其實沒有我們想像得多。

只是每個人想要達到的目標有些出入，或是時機不合，導致彼此之間產生摩擦時，大腦不知如何處理這種情況，就會開始陷入焦慮了。

對方的行為愈是超乎自己預期時，或許要正面看待的難度也愈高，但如果直接當作扣分行為，自己一定會忍不住發脾氣。

為了不發脾氣，不論對方幫你做事的結果是否讓你滿意，還是先謝謝他再說。

平常總是以挖苦你為樂的人，這下子說不定會覺得自討沒趣，你的耳根子也終於可以清靜了。

最重要的是，只要採取應有的態度，你就不會心猿意馬了。我想這就是讓我們活得安穩自在的重要技巧了。

表現出「傾聽的態度」，接納他人

「不生氣的人」，有不少是「發不了脾氣的人」。

這裡所說的「不生氣的人」，並不是只能忍氣吞聲，但擺著一張臭臉的「發不了脾氣的人」。真正做到不發脾氣的人，從平時就很小心，盡量避免在日常生活中製造生氣因子，這樣就能大幅降低怒氣爆發的可能性。

另外，大多數「不生氣的人」，都會表現出「傾聽的態度」。

他們的特徵是面帶微笑，不會在對方說話時插話或打斷，也不會批評或評論對方的意見。他們基本上都是順著對方的話，再簡短說一句：「原來如此。」「那真是太好了。」「那你一定很辛苦。」來附和對方。

我相信，面對這樣的人時，沒有人會表現出帶有攻擊性的態度。一般人面對願意接納自己的人時，都比較容易敞開心胸，而且也樂於與對方相處。以腦的角度而言，這時正處於沒有壓力的狀態，所以和表現出「傾聽的態度」的人在一起，每個人都不會畏畏縮縮，能夠毫無保留的發揮實力。

我在第1章（第42頁）曾經提到有許多成功的經營者都擁有「傾聽的耳朵」，這也是他們之所以能獲得眾人信賴的原因。

提到「溝通」，一般人最努力做的是「發送訊息」，但是要等到自己能夠「接收」對方的訊息，雙方才會相互信賴，建立彼此體貼對方的良好循環。

「我覺得自己不擅聆聽」的人，首先只要集中精神，專心聽對方說話就好。如果你擔心自己錯誤理解對方說的話，可以每次都發個電子郵件等，以書面方式向對方確認。對彼此的理解有誤是產生憤怒情緒的元兇，所以消除所有的疑問才能奠定信賴的基礎。如此一來，相信雙方對彼此都不會出現怨懟的情緒。

消除肩頸僵硬，增加腦部容量

為了控制憤怒的情緒，想辦法消除慢性疲勞也是很重要的一部份。

我想你也曾有過這樣的經驗：人在疲勞的時候，尤其是經年累月的慢性疲勞，會比平常更容易發脾氣。

我的父親在幾年前為止一直飽受腰痛的折磨；痛得很厲害的時候，對家人和別人的一舉一動特別敏感，連某些在平常身體沒有大礙時根本毫不介意的舉動也變得很在意。簡單來說就是變得很難相處。他常常為了一些事後回想起來根本沒必要發脾氣的事大動肝火。

不過，在他開刀治療腰痛以後，上述的情況就不再發生了。換句話說，慢性壓力會把引發怒氣所需的刺激量降到最低，人只要受到些許刺激就會發脾氣。

如果身體為慢性疼痛所苦，例如肩頸嚴重僵硬和腰痛等，思考系腦區的注意力就很容易集中在僵硬和疼痛。這時，如果接收到複雜的指令，這個腦區就容易變得不耐煩。因為這表示原本沉重的工作量又要加重了。

思考系腦區原本有能力同時處理好幾項工作，但是當身體的緊張與不適狀況加劇時，就會引發強烈的焦慮。換句話說，「身體的緊張」與「腦部的緊張」有著密切的關係。

所以，在一天即將結束之前，在泡澡時進行全身按摩以舒解身體的緊張，也是消除腦部疲勞的最好方法。

長時間坐著工作的人，背骨周圍的肌肉容易僵硬，這是因為不自覺過度使用運動系腦區所致。

建議肩頸肌肉僵硬的人，不妨做些柔軟操或體操，藉機伸展全身的肌肉，而且也能一同增加腦部的工作處理容量，可說一舉兩得。

不單是「身體的緊張」，「精神的緊張」當然也會對「腦的緊張」產生影響。早上出門前，夫妻吵架或親子衝突已幾乎成了家常便飯的人，進了辦公室後，即使絞盡腦汁，也常常想不出什麼好點子。

為了改善這個問題，建議先做好「安內」的工作，盡量維持家中氣氛的和諧。休息的時候就徹底休息、好好照顧自己的身體、維持家庭的和睦等盡可能減少壓力的來源，不只是為了自己，也是為了守護身邊每一位重要的人。

有時確實有接受診斷的必要

只要各位養成幾項本章介紹的習慣，我相信你一定能夠變成「不會生氣的人」。

但是也有一些事情無法靠習慣的養成改變。

我指的是身體罹患疾病等身體上的傷害。

容易造成「易怒」的腦部疾病，主要有「癲癇」「腦中風」「腦部腫瘤」「失智症」等。

如果你發現「我最近好像動不動就生氣」，或者是「有人告訴你『你最近很常發脾氣』」，為了保險起見，最好就醫接受腦部檢查。

阿茲海默症是失智症的類型之一；值得注意的是，患者有可能從原本易怒的個性突然變得溫和穩定。可惜的是，這很可能並不是病情好轉，而是腦中感受憤怒的部分惡化。

比起病患本人，其家人和同事等身邊親近的人更容易發現，所以各位如果發現身邊有人符合「明明平常很愛發脾氣的人，最近怎麼變得很安靜」的情況，請不要置之不理，而是勸對方盡快就醫。

另外，有些人雖然惡化程度不若阿茲海默症嚴重，但會因為腦部老化而變得易怒。如果任其持續惡化，不是演變成動不動就情緒失控的「暴走老人」，就是無法控制喜樂哀樂等情緒的「情緒失禁」。

上述疾病大多因腦部的血管病變引起，所以為了預防動脈硬化，平時就應該養成正確的飲食習慣。

另一種必須注意的症狀是「易刺激性」。也就是只要受到輕微刺激，就很容易不高興的狀態。

其中特別容易發脾氣的情況，有時會稱為「易怒性」。

像是躁鬱症患者等，只要聽到別人反駁自己就勃然大怒，這種狀態就是所謂的

「易刺激性」「易怒性」。

這些症狀也常出現在先前提到的罹患失智症、酒精或藥物成癮症，以及思覺失調等精神疾病的患者身上。

另外，如果自己身邊有動不動就生氣的人，或者是發怒程度遠超過合理程度的人，他們可能是患有ADHD（神經發展障礙的疾患。全名為注意力不足過動症），請務必盡快向專家諮詢。ADHD的患者也同時具備「不擅長整理東西」「經常遲到」「三分鐘熱度」「集中力不足」等特徵，請身邊的人務必催促他們就醫。

雖然ADD（注意力缺失症）的人大多無法克制自己憤怒的情緒，不過令人意外的是，他們和ADHD的患者一樣，只要受到誇獎和讚美，有時就能立刻收斂自己的脾氣。

向易怒的人提出反擊，只會造成火上加油的反效果，向他們表達不同的意見時，一定要把話講得委婉，才不會適得其反。

不論再怎麼愛發脾氣的人，也無法連續生氣24個小時。

如果不想與發脾氣的人正面交鋒，不妨先仔細觀察，找出對方容易發脾氣的時段、能夠讓他收斂怒氣的訣竅等，也不失為好方法。

可以不生氣的時候、非生氣不可的時候

「憤怒」會破壞你之前一直很珍惜的人際關係。

腦部的工作效率也會下降，帶來不必要的困擾。

懷「怒」在心的人，完全佔不到任何便宜。「憤怒」就是這麼回事。

但是，不論是誰，都會遇到「非生氣不可」的時候。

那就是當那股憤怒，關係到某個人或自己的「性命安危」的時候。

舉例而言，很多醫療現場的從業人員，只要一點小事就發怒。因為只要稍有疏忽就可能釀成醫療事故，對患者的人生造成無可彌補的嚴重傷害。

為了盡可能避免這樣的憾事發生，新手醫師和護理師的動作只要不夠熟練，必然會遭到一陣訓斥。但這時對他們發脾氣是必要之舉。因為只要趁早糾正他們的錯誤，對醫師、護理師，以及患者都更有保障。而且也不必擔心以後人生會有一段不光彩的經歷。

或者說為了拯救自己的今後，也有非生氣不可的時候吧。

為了成就能夠造福世人的大業，我們難免會遇到困難。像是必須想辦法說服冥頑不靈的主管，或是被蠻不講理的對象刁難等。

對前者生氣，是為了力求進步；對後者生氣，則是出於為了讓現狀朝更好的方向發展的動機。

所以遇到這種場合時，不應該壓抑自己的怒氣，反而應該清楚展現。

有時候我們可以不生氣，但也有非生氣不可的時候。

至於何時不必生氣，何時又該生氣，這是我們必須仔細思考的問題。

以「得失」衡量不必生氣與該生氣的時候

那麼，我們該以什麼基準，決定「不必生氣的時候」與「非生氣不可的時候」。重點在於以「計算得失」的觀點衡量。

我們有時候會因為一時的憤怒，不顧一切地發洩自己的怒氣。結果造成人際關係分崩離析、浪費許多寶貴時間、眼看要做出一番成績的工作也前功盡棄，甚至連這段時間投入的資本也付諸流水……。簡單來說，不論各方面都是「虧損」連連。既然都看到赤字了，當然屬於「不必生氣的時候」。

相對的，所謂的「非生氣不可的時候」，就如同前述，當生氣是為了保護自己或其他人的必要措施時。

「我現在必須向不講理的父母和上司據理力爭」的行為，是為了保護自己。遇到這種場合時，請告訴自己「該生氣就生氣」。

另外一種情況是「這時候如果我不扮黑臉，我手下的組員就不容易成長」。如果你是抱持著為他好的苦心，那麼你的憤怒將會化為讓下屬「成長」的養分。這時也是「該生氣就生氣」，別猶豫。

但是有一點要記住，向別人發脾氣時，不需要破口大罵。

只要像在「教導」對方就可以了。

向對方發脾氣和教導對方，有時候看起來很難分辨，其實本質上完全不同。

差異在於，「發脾氣」是以自我本位為出發點，不具備客觀立場，但是「教導」則是帶著客觀的立場。

明確的願景能夠把憤怒轉變為鼓勵

在我認識的熟人當中，說到最擅長「教導」的一位，是開頭也介紹過的、指導水上芭蕾的井村雅代教練。

在她的指導之下，乾友紀子、三井梨紗子和日本代表隊分別在2016年的里約奧運中獲得水上芭蕾雙人賽與團體賽的銅牌。我曾經幾度受邀，以如何在競技中與水中更有效率使用大腦為主題，在井村水上芭蕾俱樂部授課。也因此和井村教練結下很深的緣分。

她說，在她勾勒的願景中，可以清楚看到為了奪牌所需要的「演技」。

像是「為了奪牌，腳跟抬起的角度還差了10度。」「跳躍力還差了一點，必須從水面再往上跳5公分才夠。」據說她對目前的進度與最終極目標之間的差距，都有非常明確的把握。

她最為人所知的一面，是在練習過程中不斷斥責選手。以她的情況來說，她的怒吼其實是「為了引導選手達成最終目標的激勵」。

乍看下，「發脾氣」和「激勵」是一樣的行為，但是只有「教導」才是基於「為了引導對方抵達獲得幸福的最終目的地」，而且具備以客觀的眼光勾勒出的願景。

只要能夠清楚區別這兩者的差異，我們就能克制「憤怒」，但在必要時，基於「告誡」的目的而激勵對方。

等到能夠做到這一點，代表你已經掌握了生氣的技術。

第6章

伸展腦部的枝椏，消除憤怒路徑

消除「習慣性憤怒」，一展新的才能

不知道各位還記得我一開始在序章提到的內容嗎？

「動不動就生氣的人，腦神經細胞之間的枝椏就不會伸展。」

將腦內的神經細胞串聯在一起的枝椏，在大腦確定「我做得到！」的瞬間就會開始伸展。

相對的，「憤怒」就是當大腦發現「我無法處理！」時發出的哀號。如果任由憤怒的情緒襲來，等於對自己無法處理的問題坐視不理，那麼大腦永遠不可能恢復「我做得到！」的狀態，腦部的枝椏也不會伸展。換句話說，老是生氣的人會錯過腦部成長的機會。

但反過來說，如果學會控制憤怒，自己的大腦就有進步的可能，進而培育出新的才能。

但各位必須注意，我們在日常生活中遇到的某些人，他們的腦部已經在渾然不覺中染上「習慣性憤怒」。

舉例而言，有些人看電視的時候，總是邊看邊罵上節目的來賓，例如「這傢伙完全沒救了」，另外還有一些人總是一副「付錢就是大爺」的心態，為了一點雞皮蒜毛的小事投訴店家或企業。甚至還有人只不過因為火車誤點了幾分鐘，就一定要向站務員理論，或有人動不動就挑剔行政、醫療機構、教育機構等公共服務，還有人對別人的部落格和社群媒體的內容老是很有意見，只要留言一定沒有半句好話……。

另外，還有些人是只要家人和同事與自己意見不合，就會立刻翻臉不認人，變得歇斯底里，甚至還會亂扔東西。

如同上述，只要一點小事就立刻抱怨或發怒的人，都是染上「習慣性憤怒」的高危險群。

「習慣性憤怒」的問題，在於因為已成為「習慣」，當事者很難產生自覺。連問題的存在都渾然不知了，當然也無從改善。

就像有些人吃東西時會發出很大的咀嚼聲，雖然別人聽起來覺得很刺耳，但本人卻毫無感覺，直到別人告訴自己，才首度意識到這個問題。如果有自覺就有辦法改善，但如果沒有自覺，可能等到天荒地老，也不會想到要尋求改善而進行任何訓練。

同樣的道理，屬於「習慣性憤怒」的人，即使依稀感覺到自己在人際關係的處理上出了問題，但只要沒有人一再向他反應「你實在太愛發脾氣了」，他也不會檢討自己的態度。因此，他老是和身邊的人起衝突，最後被眾人孤立，淪為群體中的邊緣人。

但是，只要產生「自覺」，事情就會有轉機。即使是「習慣性憤怒」的人也能夠控制憤怒，使大腦獲得成長，進而培育新的才能。

最後一章將為各位介紹如何消除自己的「憤怒迴路」，以及藉由伸展腦部的枝椏，提升自我能力的方法。

腦中特定的枝椏一旦變強大，人就容易發怒

等到回過神來，才發現自己在自言自語，而且正在說某個人的壞話。只要發生一點小失誤，立刻開口抱怨公司和公共服務。或者是老是指責自己，滿腦子都是「我真沒用」的想法。經常出現上述情形的人，最好提高警覺，看看自己的腦部是不是存在著「憤怒迴路」。

我們腦內的神經迴路是依照每個人得到的「經驗」所建立。以內勤工作為生活主要重心的人，基本上最發達的是思考系腦區的神經迴路，而工作時必須經常講話的主播等則是傳達系腦區的神經迴路特別發達。從事重體力勞動工作的人，運動系腦區的神經迴路最發達，而從事影像相關工作的人，無庸置疑的，

一定是視覺系腦區的神經迴路特別發達。

但是，每個腦區並非各自獨立作業，而是互相交替，輪流上場。

舉例而言，以內勤工作為主的人主要使用思考系腦區，但遇到需要檢查資料和螢幕畫面時就會改用視覺系腦區；開會時就輪到聽覺系腦區和傳達系腦區派上用場。簡單而言，每處的腦神經細胞會彼此串聯，輪流使用。

一旦從某種經驗進入了「我懂了！」「我會了！」的狀態，連接各腦區腦神經細胞的「枝椏」就會長出來。之後，隨著相同經驗的累積，枝枒會逐漸成長茁壯。

人之所以經過不斷磨練後，不論什麼事都會上手，也是因為「枝椏」隨著經驗的累積，成長得愈來愈粗壯。

「憤怒迴路」也是依照同樣的方式形成。

不斷反覆特定的言行舉止與思考，有時會導致該部分的「枝椏」得到強化，最後形成容易產生憤怒的迴路。

另一種情況是源自於腦部的特性，有時只要看到別人發脾氣，腦內也會跟著複製出憤怒迴路。

以下為各位列舉容易形成「憤怒迴路」的5種模式。

首先請各位確認自己有沒有符合的項目。

【憤怒迴路確認①】身邊就有經常生氣的人

只要家庭和職場等你每天待的時間很長的地方有「易怒的人」，那麼你的大腦有時就會複製對方腦中的「憤怒迴路」。

原因在於腦容易記住頻繁接觸的現象。容易浮出意識的記憶會讓大腦覺得有親切感。只要記住這股親切感，大腦就會繼續「模仿」這個對象。而大腦就是透過反覆的模仿持續成長。

但這也意味著，如果你的身邊有易怒的人，大腦也會對他的行為產生親切感，並且模仿他生氣的樣子。

在此針對大腦進一步說明，當我們察覺或發現以往不曾注意過的新事物時，會有2個以上具備不同記憶資訊的腦區建立新的腦內網絡，它們的神經細胞之間會產生通道，讓俗稱的「枝椏」可以通過。

要找到讓「枝椏」通過的通道並不簡單，但只要手邊有個「範本」，就能夠省點力氣。

舉例而言，對著眼前的風景寫生很難，但如果照著某個人已經畫好的作品臨摹就比較簡單。

還有，從無到有的「原創」報告很難寫，但如果可以拿過去已經有人寫好的報告當作參考，寫起來就會輕鬆許多。

同樣的道理也適用於「憤怒」。

只要看到某個人生氣的樣子，大腦就會有樣學樣，記住對方如何表現出憤怒。每個人表達怒意的方式都不一樣。有的人是不停嘀咕，有的人是對人冷嘲熱諷。但也有人會口不擇言，「真火大」「蠢豬」「去死吧」等什麼話都說得出口，或者動手拍桌、搥牆。還有一種人會選擇從頭到尾都沉默以對……。

總之不管是哪一種模式，只要身邊有人時常發脾氣，而你又經常親眼目睹，那麼大腦就會自動學會對方表達憤怒的方式。

我相信，應該有不少人在自己長大成人時，才發現自己生氣的樣子和父母幾乎一模一樣。

有些家庭的父母起爭執時，原本都僅於口角爭執，但只要爸爸某次在盛怒之下亂扔東西，孩子們以後發脾氣的時候也會開始亂扔東西。因為「可以做到這種地步」的記憶已經刻在孩子腦部的迴路。

如果看到發牢騷的人，腦子就會記住發牢騷的樣子，等到下次說別人壞話的時候就會依樣畫葫蘆。

如同上述，不論是家庭、學校、職場等，只要與你長時間相處的對象中有人經常發脾氣，那麼你的大腦有可能就會在不知不覺中複製了對方的「憤怒迴路」。

【憤怒迴路確認②】習慣不論什麼事都由自己決定

大小事都習慣由自己決定的人，也擁有容易生氣的大腦。因為只要遇到事情未能按照自己安排發展時，他們的大腦就會陷入恐慌狀態，大叫：「我不知道該怎麼辦！」

舉例而言，若有人想法傾向「收到電子郵件後，應該馬上回信」「如果是雙薪家庭，先生當然要分擔家務」「我都做到這種程度了，當然應該接受讚美」「當然要OOO才對」「當然應該做OOO」，基本上都會遇到現實與期待不符的情況。因為別人的表現會符合自己預期的機率相當低。

還有喜歡以偏概全的人也是如此。明明只看了一些個案就立刻下結論，例如「憂鬱症的人就是依賴心強」「女生就是這樣」等，這種人也是容易發脾氣的類型。因為只要有人不服氣，開口反駁他：「不是你說了算。」這類型的人腦袋就會陷入混亂。另外也要特別注意「因為你是B型嘛，難怪」「因為那傢伙是寬鬆世代的人嘛」等喜歡替人貼標籤的人。

喜歡擅自下結論的人，問題出在尚未確立「自己的價值觀和別人不一樣」「自己是自己，別人是別人」的思考迴路。

不懂得不能把自己和別人相提並論的人，可說是具備了易怒的腦部結構。

【憤怒迴路確認③】完美主義者、痛恨「輸」的人

在一般大眾眼中，帶有正面形象的「完美主義者」、「討厭落敗的人」，也具備易怒的素質。因為只要達不到自己心目中的理想形象，大腦就會陷入不知如何是好的恐慌狀態。

完美主義者，或痛恨「輸」的人，腦中已植入了「比較的習慣」。他們的大腦為了掌握對事物的理解，對所有事都會產生比較之意，而且總是拿「頂級」與自己相比。

心理學中有所謂「向上比較」與「向下比較」的概念。向上比較就是跟能力優於自己的對象比較，而向下比較就是跟能力不如自己的對象比較。

前者把焦點放在「那個人好厲害」「工作能力很強」等超越自己的存在，而後者

則是把注意力放在「那傢伙就是沒用」「沒有工作能力」等不如自己的人。

我認為向上比較是磨練自己時不可缺少的一部分。

但是如果過度比較，有可能適得其反，讓自己陷入「為什麼人家那麼厲害，我就是那麼差勁」的失落。

其實，只要坦然面對不如人的事實，以後繼續努力就好，但是有些人卻只能藉由醜化對方以尋求心理平衡，所以故意說：「他也沒什麼了不起。不過是運氣好罷了。」但也有人剛好相反，不斷責怪自己：「為什麼我這麼沒用？」

不論是挑剔別人的毛病，還是責怪自己，都是憤怒的型態之一。

如同上述，動不動就跟比自己優秀的人比較，或者希望自己處於優越地位的人，都具備了易怒的素質。

【憤怒迴路確認④】為了準備升學考試而埋頭苦讀

很多在學生時代投入大量時間準備升學考試的人，腦內都已建立了強大的易怒網絡。

為了通過競爭激烈的高中與大學的入學考試，必須透過語言不斷累積以記憶為主的學習。結果造成只有負責處理依賴知識型資訊的記憶系腦區呈現「枝椏」異常發達的狀態。

但是出社會之後，要求具備溝通能力等其他能力的場合會不斷增加。換言之，使用傳達系腦區的頻率會增加，而以往被鍛鍊得很強大的記憶系腦區則會減少上場的次數。

問題在於，曾經下功夫苦讀的人，長期以來已經習慣利用鍛鍊發達的記憶系腦區「枝椏」進行思考，所以一時之間改不過來。因此不論面對什麼樣的場面，還是以烙印在記憶系腦區的「知識」為優先。

以「常理」和「權威」為尊的傾向，會使他們很容易把這兩者以外的事物視為「不合乎常理」「邪門歪道」。

他們擁有的知識愈多，愈容易對一般社會大眾的言行舉止看不順眼，經常覺得：「他們都不懂，這是錯的。」如果能夠心念一轉，告訴自己：「每個人的想法不一樣很正常。」當然最好不過，但是一旦認定：「我的想法才是世間的主流。」自然動不動就想開口批評別人。

基於上述理由，溝通會逐漸被他們視為苦差事，接下來如果不是變得愈來愈封閉內向，就是加強攻擊的力道，很可能成為帶有攻擊性的「討厭鬼」。

【憤怒迴路確認⑤】因為腦部結構與生活習慣造成的自閉傾向

最近幾年，隨著社會愈來愈ＩＴ化，「自閉化」也有加速前進的趨勢。

相對於「右腦」是處理非語言與社會價值觀的領域，「左腦」則是處理語言，以個人為優先的領域。包括電子郵件和社群媒體等，隨著利用文字溝通的比例逐年提高，現代人可說處於「左腦」極度強化的狀況。換言之，以個人為優先的傾向也有增強的趨勢。簡單來說就是「自閉化」。

另外一種「自閉化」，則是因沉迷於手機和網路，對周圍的事物漠不關心，眼界變得很狹窄。也就是整個人沉浸在自己的世界，對來自外界的刺激視若無睹。幾乎不和他人見面，連對話也沒有的人也一樣。

另一種情況是，和花很多時間苦讀的人一樣，腦部只有某個特定部位鍛鍊得特別發達的人，因為無法順利接收知識以外的資訊，最後傾向於「自閉化」。

總而言之，會引發「憤怒」都是因為面對任何狀況都一律以存在於腦內的特定迴路應付；如果應付不來，大腦就會陷入恐慌。

可用的腦部迴路太少，無法處理的情況就會增加，自然也容易發脾氣。

看到這裡，如果覺得「我的大腦好像也有習慣性憤怒的問題」，請務必試試之後要為各位介紹的消除憤怒迴路的方法。

消除憤怒迴路的5個方法

為了消除憤怒迴路，必須使腦內長出之前不存在的全新「枝椏」。理由是只要這麼做，就能找出正確的處理方法，消除源自於不安的憤怒，解除「無法處理！」的狀態。

順帶一提，自從「腦力訓練」在日本掀起風潮後，其中一種流行趨勢是有人號稱「只要拼拼圖，就能鍛鍊大腦的某些部分」。但我認為從事這樣的活動可能會助長我所擔心的「腦部的自閉化」。

為了培養特殊的能力，有人選擇以極端的方式訓練腦的某個部分（雖然就磨練技術的層面而言，這具備重要的意義）。結果只有造成原本已存在腦內的「枝椏」變得更粗壯，但難以增加新的枝椏。

為了控制憤怒，也就是為了避免腦的自閉化，我們該做的不是反覆練習已經熟練的事，鍛鍊既有的枝椏，而是累積異於以往的經驗，在腦內製造新的「枝椏」。

過度依賴手機、電玩等資訊裝置，造成自閉時間在日常生活中呈壓倒性增加的行為，會養成大腦對他人與現實環境不感興趣的習性。因此，當大腦遇到必須從自閉性行為轉換成非自閉性行為時，會覺得很麻煩，開始變得焦躁。為了避免焦躁易怒，我們必須增加非自閉的時間。

為了消除憤怒迴路，以下為各位列舉5個可以在腦內製造新「枝椏」的方法。各位可以只挑選自己覺得容易的方法執行，然後連續挑戰1個月。只要有意識在腦內製造新的枝椏，相信就能一步步消除原本養成的「習慣性發脾氣」。

【消除憤怒迴路法①】待在自己尊敬的「不會生氣的人」身邊

大腦具備「容易進入模仿模式」的習性，所以只要身邊有易怒的人，自己也會變得易怒。不過，只要常和個性溫和穩定，很少發脾氣的人相處，自己也會跟著變成不會生氣的人。

話雖如此，相對於「生氣」時大多伴隨著誇張的肢體動作，容易讓人留下深刻印象，「平穩溫和」是內斂的情緒，除非用心體會，否則很容易看過就忘了。

所以，我們必須先從認識的人當中列出一份「不生氣的人」名單，再從中挑出自己特別尊敬的對象。最重要的是多找機會待在對方身邊。

和自己尊敬的人相處時，對方的一舉一動都是自己關心的焦點。

只要密切觀察，你很快就會發現「一般人遇到這種情況早就發火了，但他還是面不改色呢」「喔，我學到了。原來他是用這種方法應付發脾氣的人」等等讓自己掌握情緒能夠保持平穩的訣竅。

一個人之所以贏得你的尊敬，原因在於他體現了你理想中的生活方式。當你實際看到這種生活方式的範本，想像中的理想模樣就很可能在腦內持續「開枝散葉」。

值得自己尊敬的人可以從職場中尋找，例如工作能力很強，是自己心目中的理想上司等。或者是身邊的親朋好友。

首先找出擁有自己想要效仿的思考迴路的對象，有機會就待在他身邊。

請各位務必記住這一點。

【消除憤怒迴路法②】找出他人值得自己尊敬的3個優點

不論對象是誰，基本上都可以從他身上找到「值得尊敬的一面」。

舉例而言，像我自己對所有的樂器都一竅不通，所以看到會演奏樂器的人，一定是百分之百致上敬意。

就算眼前的對象在談話的過程中，讓我忍不住覺得「這傢伙到底在說什麼啊，我實在快聽不下去了」，但只要想到「對了，我記得這個人會吹長笛」，說也奇怪，不耐煩的感覺好像就消失了。

當人面對被自己認定為和自己屬於同等級的對象時，會特別沒有耐心，很容易發脾氣。

這是因為自己主觀認定對方也適用於自己的基準。但是，這種想法很可能只是一廂情願。這也是為什麼如果按照自己的基準拜託對方幫忙，大多得不到滿意的結果。理由也非常簡單，因為對方的基準與自己不一樣。但很多人不知道這一點，只因對方的反應不如預期就感到憤怒。

不過，只要從對方身上找到值得自己尊敬之處，雙方就不再處於對等的地位。因為對方的地位已經超越自己，自己之後就不會想依照自己的基準批評對方的言行。

對方如果只有一項值得你尊敬的優點，那麼距離「他和我是不同級別」的標準還有些差距，所以請至少找出3項。

至於是哪些方面的表現值得你肅然起敬，我認為沒有限制，哪方面都可以。例如對方對手遊和漫畫的了解勝過你、對哪裡有美食如數家珍、不論聽到別人如何批評自己也不動怒、泡的咖啡很好喝等，即使是小事也沒關係。

養成從別人身上找到3個比自己優秀之處的習慣，有助於養出不容易生氣的大腦。

順帶一提，情侶在戀愛初期，眼中只看得到對方值得自己尊敬的一面，然而隨著交往時間久了，甚至雙方已經步入禮堂，就會把對方視為與自己對等的存在。對方原本讓自己欣賞不已的優點，也逐漸被自己視為理所當然，最後還淪為「容易激怒自己」的對象。

由此可見，我們確實有必要不斷挖掘對方值得自己敬佩的優點。

同時，我們也應該同樣要求自己，讓對方從我們身上永遠能看到值得欽佩的優點。我相信這點應該是維持一段「不彼此怨懟的關係」的秘訣吧。

持續提升能力，使自己不斷「進化」，並不是容易的事，但至少要有這樣的意識很重要。

【消除憤怒迴路法③】試著以「請託」代替「命令」

人在生氣時會出言不遜，常常以「命令」的口吻對人說話。

前述已一再提到，憤怒是因大腦陷入「無法處理」的恐慌所引起。人為了排解恐慌造成的不安，會向別人提出要求。講話時一定使用「命令形」。

「你給我安靜。」

「不要囉哩叭唆，照我說的去做就是了！」

「我不是叫你去洗碗了嗎？」

「你給我搞清楚我說的話！」

其實，只要把「命令」的口吻，改成「請託」的口吻，自然就能在腦內製造出不會生氣的迴路。

具體而言，請說「如果你願意做我會很高興。」而不是「這件事你來做。」「你為什麼不做？」

以剛才的例子而言，原本的四句話可以改成以下四句。

「如果你能安靜一點就幫我大忙了。」

「我很高興你有照我說的去做。」

「如果你可以洗碗就太好了。」

「如果你能理解就太好了。」

「拜託」兩個字可以傳達出你對對方的尊重，讓他知道「如果你能這麼做我會很高興，但不知道你方不方便」。

這麼一來，你就不會顯得一意孤行，而對方也沒有被強迫的感受。最重要的是，開口拜託別人，也是讓你藉由這個機會逐漸意識到「自己有自己的安排，別人也有別人的安排」。

能夠認清這一點的話，腦內就會形成不把自己和別人混為一談的思考迴路，這樣就更容易消除憤怒迴路了。

【消除憤怒迴路法④】使用非慣用手，幫助腦部的枝椏伸展

就結論而言，只要在腦內形成前所未有的思考迴路，使其「枝椏」開枝散葉，就能夠以客觀的角度看事情，成功的擁有不生氣的大腦。

所以，即使與「憤怒」毫無關係的行動當中，也包含著許多能夠消除憤怒迴路的行為。

而且做起來一點也不困難。

只須在做某個特定的動作時，使用非慣用手，就能夠消除憤怒迴路。

事實上，根據近年的某項研究結果顯示，只要特意使用非慣用手2週，就能降低控制憤怒的難度。

根據新南威爾斯州大學的湯瑪斯．丹森博士（Thomas Denson），在心理科學期刊《當前的心理學方向》（Current Directions in Psychological Science）所發表的內容，針對在腦部造影中憤怒相關區塊活躍的受試者們，請他們都特意改用非慣用手2週。結果發現掌管自制力的腦部區塊的功能得到提升，降低了攻擊性。

我想這是因為人透過異於平常的經驗，會感受到「不自由」，最後促使腦內形成了新的「枝椏」。

當我們進行已經習慣化的行動，例如運動選手運動、考生讀書、右撇子的人使用右手等，運用的都是已經存在腦內的「枝椏」。

而且腦內的「枝椏」會在不斷重複同樣行動的過程中逐漸茁壯，所以對我們而言，做習慣化的事情可說易如反掌。

相反的，如果是平常很少做的事情，腦內就沒有相對應的「枝椏」，即使有，枝椏也非常細弱，不太能派上用場。

但是，只要辛苦一點，先增加新的枝椏，再使其成長茁壯，腦部就可以獲得之前沒有的新迴路，而且也會變得較不容易生氣。

根據前述的研究，只要使用非慣用手操作簡單的小事情即可。不需要執行以非慣用手寫字和拿筷子等高難度的作業，只要改以非慣用手滑手機和按滑鼠就可以了。或是攪拌飲料時改成非慣用手等。

總之，建議各位盡量做一些自己並不是那麼得心應手的事，而且持續一段時間。只要持之以恆，相信你的大腦就會不斷成長。

【消除憤怒迴路法⑤】樂於認識新朋友

能夠讓你獲得更多的刺激，促使腦部成長的，就是在預期之外的行動中接觸「其他人」。

不過，如果對象是熟人，由於自己對他的行事作風多少有些了解，因此刺激有限。

積極參加各種活動，像是同好會、運動社團等，讓自己認識更多新朋友，不但有助於腦部長出新的「枝椏」，對打造不生氣的大腦也很有幫助。

擁有面對剛認識的人也能應付自如的大腦，對於生活在這個瞬息萬變的世界的現代人而言可說是至關重要的生存技能。

與不認識或剛認識的人共聚一堂，還要共度一段時間，對某些人而言或許是有壓力的事。

但是，努力過後的回報是，腦內會長出新的「枝椏」。

從你的內在也可以找到「他人」。

向新事物挑戰後，你才會發現：「原來我還有這樣的一面！」「沒想到我也有叛逆的個性。」這樣的發現，就是你和自我內在中的「他人」相遇。

不斷發現自己不為人知的另一面之後，毫無意義的焦慮感就會消失，取而代之的是希望與期待感；你會迫不及待地迎接每天的早晨，內心雀躍不已，一心想著：「不知道今天會遇到什麼事呢。」

首先讓大腦體驗以往未有的「不自由」。

不斷結識新的朋友。

以上兩點是獲得「不生氣迴路」的重要關鍵。

「憤怒迴路」的一旁潛藏著耀眼的潛力

本章已一再強調培育新的「枝椏」的重要性。

如果換個說法，就是培養「客觀性」。

人透過經驗所得到的記憶基本上不會改變。不過，一旦腦內的枝椏變得茂密，原本未曾相連的腦區，其腦神經細胞得以串聯起來，之後就可以用全新的一面檢視過去的記憶。

我們有時會聽到事業有成的企業家告訴大家：「創業初期真的非常辛苦，但是現在回想起來，當時的經驗讓我獲益匪淺，才造就了今天的我。」這也是藉由種種經驗的累積，在腦部培養出新的枝椏，所以能夠以客觀的角度看待事情的例子。

一旦有了客觀的態度，就能夠隨時反問自己：「這真的是值得生氣的問題嗎？」如此一來，就會養成盡可能排除主觀的習慣，將事情加以「既定事實化」。

換言之，判斷是否要生氣的基準是「得失」而非「情緒」；即使生氣，也依然保持理性。

學會控制憤怒的方法後，你還會得到另一項開心的收穫。

根據腦部調查，目前已經證實每個人的腦內，負責自己討厭或不擅長項目的腦區附近都有一個蘊藏著巨大潛力的腦區。所謂的「潛力」，就是尚未使用，接下來還有成長空間的能力。

所謂的「憤怒」，就是大腦面對無法處理的狀況時所發出的哀號。換句話說，當人面對討厭或不擅長的事情，就容易發脾氣。

既然如此，能夠控制憤怒，也就意味著我們有能力克服某些討厭和不擅長的事。以腦部的觀點來看，這點就是培養出「獨一無二的才能」的重要契機。

每個人的適性不同，雖然能夠輕鬆完成某些事，但也有再怎麼努力也做不來的事情。

換句話說，每個人不擅長的部分就是大腦與生俱來的個性，相當於腦內枝椏難以伸展的部分。

但是，只要不斷努力，就算速度很慢，枝椏還是會長出來。有趣的是，在這種情況下長出來的枝椏，形狀會非常有個性。

具體而言，不論是做喜歡的事還是擅長的事，反正都沒有壓力，所以長出來的枝椏都相當筆直。相形之下，費盡千辛萬苦才長出來的枝椏，每次面對壓力就會改變生長的方向，但即使長得歪七扭八，還是抵達了自己的目標。長得歪七扭八的枝椏其實就是專屬於你的獨特之物。靠著做起來毫無難度的事所長出來的枝椏不會長成這個樣子。

出了社會以後，只要找到正確使用的方法，這些長得歪七扭八的枝椏，就能讓你盡情發揮這份沒有人能夠模仿的耀眼才能。

唯有經過艱苦的磨練，才有新的發現與體悟。這就是所謂的「不經一番寒徹骨，焉得梅花撲鼻香」。

結語

平穩個性的可用之處

成為定心丸的供應者

「憤怒」的可怕之處在於只要爆發一次，就可以將一切破壞殆盡。

但是，從另一個觀點來看，「憤怒」不僅是一面讓你看清自己弱點的照妖鏡，也是指出你獨一無二潛力所在的指南針。

說也奇怪，如果你能發覺這件事，我相信你一定迫不及待想知道自己會被哪些事情激怒。

接著，等到下次覺得自己快發脾氣的時候，我相信你的腦筋一定會轉得飛快。畢竟為了控制憤怒，你一定會想，自己是不是關上了「傾聽的耳朵」、現在是不是陷入恐慌，停止思考的狀態、自己是不是被別人感染了憤怒的情緒等。

同時，你也會用不同的眼光看待發脾氣的人。

其實，發脾氣的人不過是陷入恐慌，並不是需要我們過度提心吊膽的對象。既然他們的「底細」已經被我們看穿，那麼與他們對峙時就不必太緊張了。

在我想通這件事之前，我曾在美國做研究。我們研究室的隔壁有一位令人聞風喪膽的主管。

他是以色列的空軍軍人，幾乎一天到晚都在生氣。連平常講話的聲音都隱約帶著怒意了，要是真的發火，聲音就變得更大聲了。

因為這個關係，我從沒看過有人和他談笑風生的樣子，他底下的組員也曾經私底下抱怨：「和他開會的時候一定戰戰兢兢，根本不敢靠近他。」

或許是源自軍隊的習慣，即使只是一般講話，他的聲音聽起來都像在生氣。不過根據我的猜測，與他接觸的人，腦中的狀態大概和自己生氣的時候差不多——也就是大腦陷入恐慌，無法順利思考的狀態。

總而言之，只要周圍有生氣的人在，連他身邊的人都可能出錯，做出錯誤的判斷。

接著還是把話題拉回各位的身邊吧。

雖然你讀了這本書，學會如何控制憤怒，所以成為了例外，但還是有很多人並不清楚大腦只要生氣就無法順利運作這件事，也毫無自覺自己會被別人憤怒的情緒感染。

憤怒的情緒具有感染性，所以只要有人生氣，焦慮的情緒立刻到處擴散，包括職場和家庭通通都無法倖免。做出錯誤判斷的人也愈來愈多；即使想擺脫負面螺旋，有時也沒那麼容易。

不論你身在何處，你不發脾氣，也不被別人的憤怒所感染。你的存在接下來會顯得很重要。

因為你不生氣，也不會被憤怒的情緒感染，你會成為憤怒終結者（阻止怒意氾濫的防波堤）；只要有你在的地方，就連空氣似乎也變得輕盈了。

從不發脾氣，永遠保持心平氣和的人，不但能讓人主動靠近，連情報都會自動送上門來。

如果在這種性格的主管底下工作，沒有人需要壓抑自己，都可以大顯身手，發揮自己的長才。

換句話說，愈是有心愛之物想要守護的人，愈能帶給周圍的人安穩與祥和。

不論在家庭或職場，如果你發現自己應該守護的成員，似乎快要陷入「負面」螺旋而難以脫身時，請你務必扮演踩煞車的角色，誘導對方按下切換情緒的開關，把自己導向「正面」螺旋。

我相信把這本書讀到最後的你，想必已經掌握了上述訣竅吧。

【符合項目超過10項】

屬於聽覺系腦區發達的人。會仔細傾聽並記住別人說的話，所以很少與人起摩擦，是擁有「傾聽的耳朵」的類型。

【符合項目低於9項】

聽覺系腦區較弱，「傾聽的耳朵」較不發達的類型。改善方法是訓練自己邊看電視或電影的同時，寫下劇中角色的對話。一天請進行至少10分鐘。這個訓練可以幫助你正確理解別人說的話，並提高記憶的能力。只要持之以恆，就能減少和別人發生衝突的機會，成為不發脾氣的人。

傾聽的耳朵（聽覺系腦區）檢核表

※符合的項目請打勾。
※符合的項目愈多，表示聽覺系腦區愈發達。聽覺系腦區愈發達的人，
有愈不容易生氣的傾向。

□ ①能夠專心聽人把話講到最後。
□ ②喜歡聽音樂和廣播。
□ ③會演奏樂器。
□ ④被交代的事情基本上很少漏聽。
□ ⑤接電話是強項，對方交代的事情都能夠毫無遺漏地傳達。
□ ⑥不會在會議和課堂中東張西望。
□ ⑦只要聽過一次，基本上都能夠正確了解話的內容。
□ ⑧講話的聲音抑揚頓挫，不會一直保持同樣的語調。
□ ⑨即使是微弱的聲音也聽得很清楚。
□ ⑩會依照場合調整說話的音量。
□ ⑪不會忘記「開朝會」等每天例行的事項。
□ ⑫一定會遵守約定。
□ ⑬能夠清楚分辨寵物、鳥類等動物的叫聲。
□ ⑭光憑腳步聲就可分辨來者是誰；光憑車子的引擎聲就可區別車種。
□ ⑮再問對方一次「你剛才說什麼？」的次數1天不到3次。

加藤俊德（Katou Toshinori）

- 出生於新瀉縣。醫學博士。加藤Platinum診所院長。昭和大學客座教授、「脳の学校」股份有限公司負責人。
- 14歲時為了掌握「鍛鍊腦部的方法」，以醫學系為將來的第一志願。畢業於昭和大學醫學系研究所後，於1991年發現測量腦部活動的「fNIRS原理」。目前全世界有超過700個設施將此原理應用於腦部研究，也成功用於測量新東名高速公路駕駛的腦部活動。1995年到2001年，在美國明尼蘇達大學放射醫學部從事阿茲海默症和MRI腦部影像的研究。回國後，在慶應義塾大學、東京大學等單位進行腦部研究。運用MRI腦部影像診斷法，診斷、治療超過一萬人，其中包括胎兒和超高齡人士。除此之外，也分析當事人的生活方式。
- 2006年創設「脳の学校」股份有限公司。將腦部診斷的研究與腦力諮詢加以事業化。2013年創立加藤Platinum診所。提供商務腦力診斷、發展障礙、失智症的診斷與預防醫療的醫療服務。
- 著作包括《只要矯正歪斜，就能贏回雀躍的每一天！腦部調理》（『ゆがみをなおせば、毎日ワクワクを取り戻せる！脳コンディショニング』，かんき出版）、《戲劇性的改變你的人生 腦的使用方法》（『人生が劇的に変わる　脳の使い方』，PHP研究所）等。

※若讀者希望由著者為您進行腦部診斷，請聯絡「脳の学校」或「加藤Platinum診所」。
脳の学校 http://www.nonogakko.com
加藤Platinum診所 http://www.nobanchi.com

國家圖書館出版品預行編目資料

大腦不生氣：腦科學家帶你瞭解生氣的腦科學基礎，以及控制憤怒的秘訣／加藤俊徳著；藍嘉楹譯. -- 初版. -- 臺中市：晨星出版有限公司，2024.08
面； 公分. --（勁草生活；549）
譯自：脳が知っている怒らないコツ

ISBN 978-626-320-870-4（平裝）

1.CST: 憤怒 2.CST: 情緒管理

176.56 113007612

歡迎掃描 QR CODE
填線上回函！

勁草生活 549

大腦不生氣

腦科學家帶你瞭解生氣的腦科學基礎，以及控制憤怒的秘訣

脳が知っている　怒らないコツ

作者　加藤俊徳
譯者　藍嘉楹
編輯　許宸碩
校對　許宸碩
封面設計　初雨有限公司（Ivy_design）
美術設計　黃偵瑜

創辦人　陳銘民
發行所　晨星出版有限公司
407 台中市西屯區工業 30 路 1 號 1 樓
TEL：04-23595820　FAX：04-23550581
E-mail：service-taipei@morningstar.com.tw
http://star.morningstar.com.tw
行政院新聞局局版台業字第 2500 號
法律顧問　陳思成律師
初版　西元 2024 年 08 月 15 日（初版 1 刷）

讀者服務專線　TEL：02-23672044 ／ 04-23595819#212
讀者傳真專線　FAX：02-23635741 ／ 04-23595493
讀者專用信箱　service@morningstar.com.tw
網路書店　https://www.morningstar.com.tw
郵政劃撥　15060393（知己圖書股分有限公司）

印刷　上好印刷股分有限公司

定價 350 元

ISBN 978-626-320-870-4